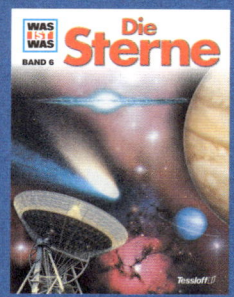
WAS IST WAS BAND 6 — Die Sterne

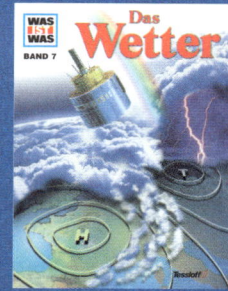
WAS IST WAS BAND 7 — Das Wetter

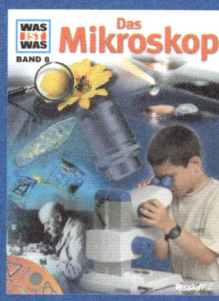
WAS IST WAS BAND 8 — Das Mikroskop

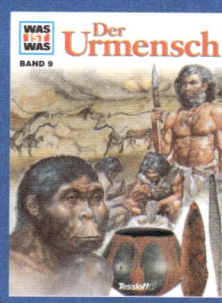
WAS IST WAS BAND 9 — Der Urmensch

WAS IST WAS BAND 10 — Fliegen und Luftfahrt

W0069539

WAS IST WAS BAND 19 — Bienen und Ameisen

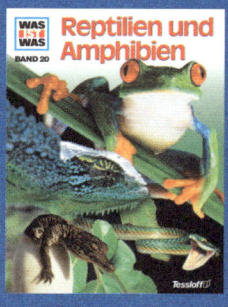
WAS IST WAS BAND 20 — Reptilien und Amphibien

WAS IST WAS BAND 21 — Der Mond

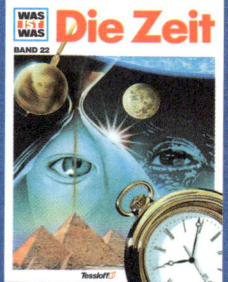
WAS IST WAS BAND 22 — Die Zeit

WAS IST WAS BAND 24 — Elektrizität

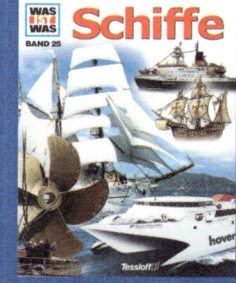
WAS IST WAS BAND 25 — Schiffe

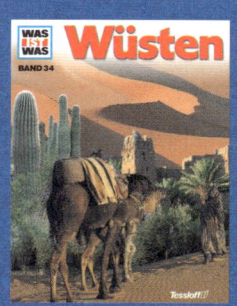
WAS IST WAS BAND 34 — Wüsten

WAS IST WAS BAND 35 — Erfindungen die unsere Welt veränderten

WAS IST WAS BAND 36 — Polargebiete

WAS IST WAS BAND 37 — Computer und Roboter

WAS IST WAS BAND 38 — Säugetiere der Vorzeit

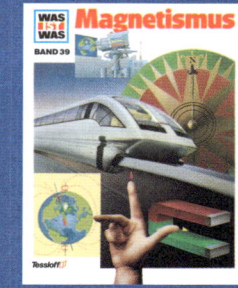
WAS IST WAS BAND 39 — Magnetismus

WAS IST WAS BAND 46 — Mechanik

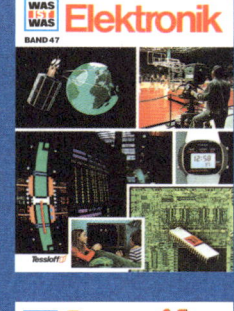
WAS IST WAS BAND 47 — Elektronik

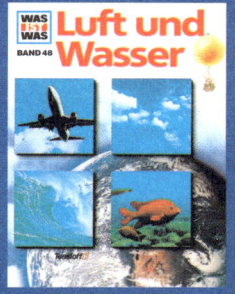
WAS IST WAS BAND 48 — Luft und Wasser

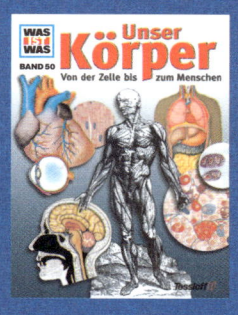
WAS IST WAS BAND 50 — Unser Körper Von der Zelle bis zum Menschen

WAS IST WAS BAND 52 — Briefmarken

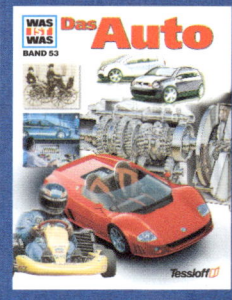
WAS IST WAS BAND 53 — Das Auto

WAS IST WAS BAND 60 — Die Kreuzzüge

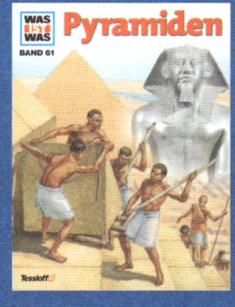
WAS IST WAS BAND 61 — Pyramiden

WAS IST WAS BAND 62 — Die Germanen

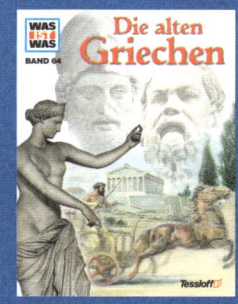
WAS IST WAS BAND 64 — Die alten Griechen

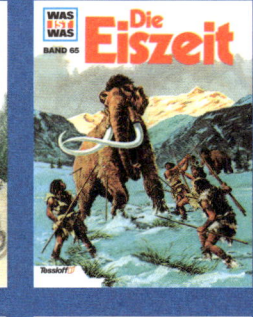
WAS IST WAS BAND 65 — Die Eiszeit

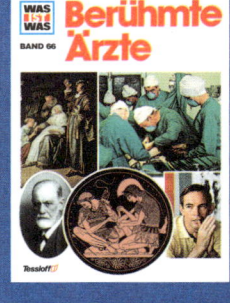
WAS IST WAS BAND 66 — Berühmte Ärzte

WAS IST WAS BAND 73 — Spinnen

WAS IST WAS BAND 74 — Naturkatastrophen

WAS IST WAS BAND 75 — Fahnen und Flaggen

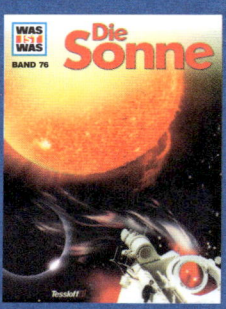
WAS IST WAS BAND 76 — Die Sonne

WAS IST WAS BAND 77 — Tierwanderungen

Weitere Titel siehe letzte Seite.

Zur Erinnerung an
den Grundschuleintritt

i. A. W. Kommullet

05

Ein  Buch

Feuerwehr

Von Rainer Crummenerl

Fachberatung: Brandinspektor Horst Gillmeier,
Berufsfeuerwehr Nürnberg

Illustrationen von inklink, Florenz

Vorwort

Die Zeiten, da verheerende Feuersbrünste selbst große Städte in Schutt und Asche legten, weil die Menschen nicht wussten, wie sie die Flammen stoppen sollten, sind schon lange vorbei. Dennoch haben Brände – gleich, ob es sich um brennende Wohnhäuser, Fahrzeuge oder Wälder handelt – nichts von ihrem Schrecken verloren. Immerhin sind allein in Deutschland Jahr für Jahr über 600 Brandtote und mehr als 6000 Brandverletzte zu beklagen. Drei Viertel aller Opfer sterben allerdings nicht durch die Flammen, sondern an einer Rauchvergiftung – und dies weit häufiger in der Nacht als am Tag: Weil nachts auch der Geruchssinn schläft, reichen schon drei Atemzüge aus, um von den hochgiftigen Gasen, die bei einem Wohnungsbrand entstehen, bewusstlos zu werden. Zehn Atemzüge sind bereits tödlich. Leider verfügen in Deutschland nur die wenigsten Haushalte über Rauchmelder. In den USA dagegen sind sie eine Selbstverständlichkeit.

Dem Feuer wehren – das ist immer mehr Aufklärung und Vorbeugung. Natürlich aber auch noch – nach wie vor - mutiger und kenntnisreicher Einsatz der Männer und Frauen in den blauen oder roten Uniformen. Doch nur die wenigsten Feuerwehrautos, die heutzutage mit Blaulicht und Martinshorn durch die Straßen rasen, sind zu einem Brandort unterwegs: So, wie sich unser Leben in den vergangenen anderthalb Jahrhunderten – so lange gibt es die Berufsfeuerwehr – verändert hat, so wandelte sich auch das Leistungsspektrum der Feuerwehr. Nicht nur die Brandbekämpfung, auch das Retten von Menschen, die Technische Hilfe, der Umweltschutz, der Zivil- und Katastrophenschutz sowie der Rettungsdienst gehören nun zu ihren Aufgaben.

WAS-IST-WAS „Feuerwehr" zeichnet diese Entwicklung nach. Es erklärt die Arbeit der Feuerwehr, stellt ihre modernsten Methoden und Geräte vor und macht auch mit der Brandbekämpfung zu Wasser und in der Luft bekannt. Dabei wird auch auf Interessantes aus anderen Ländern eingegangen – und darauf, was der Leser selbst zum Brandschutz beitragen kann.

BAND 114

Dieses Buch ist auf chlorfrei gebleichtem Papier gedruckt.

DANKSAGUNG: Für die freundliche Unterstützung bedanken wir uns bei der Berufsfeuerwehr Nürnberg, der Freiwilligen Feuerwehr Lauf a. d. Pegnitz, der Flughafenfeuerwehr Frankfurt/Main sowie Wolfgang Geyer, Nürnberg, die das Entstehen des Buches mit viel Engagement begleitet haben.

BILDQUELLENNACHWEIS:

FOTOS: AFP, Paris: S. 42u (rund); BASF, Ludwigshafen: S. 36m; H. Bauer, Hohenwestedt: S. 10u, 47ml (Wettkampf); Bilderberg, Hamburg: S. 33ul, 33ur, 35or, 36/37, 37ur, 44ur; BPK, Berlin: S. 90, 9u; Corbis, Düsseldorf: S. 6u, 14/15, 25u (2), 40 (7), 42ul, 42/43 (Reuters), 43or, 48m; DPA, Frankfurt: S. 150 (2), 26or, 27or (rund), 27ul, 28or, 29ol, 310, 360, 39or, 420 (3), 43r (Schweizer); Deutsches Feuerwehrmuseum. Fulda: S. 7or, 8 (3), 8/9; FireFoto/T. Gaulke, München: S. 23ul, 290mr, 32or, 33ol, 340; Flughafen München: S. 38 (Hennies); Focus, Hamburg: S. 12ol, 26ol, 32mr, 44u, 47ol (2); M. Folwaczny, Verden: S. 47u (2); Fraport: S. 39ol; H. Gillmeier, Nürnberg: S. 18u (2), 49 u; J. Hegemann, Nienburg: S. 29oml (Öl); IFEX Technologies, Sittensens: S. 43 (ATV); Illuscope, Wien: S. 22m; Imagine, Hamburg: S 40u (Hydrant rot); W. Jendsch, Radolfzell: S. 110, 11ml, 17or, 27or (Turm), 32u, 33ol, 41ur, 41, (rund), 45or; Landesfeuerwehrschule Bruchsal: S. 45or, 45u; MAN, München: S. 37or; NFPA, Quincy, USA: S. 40ul (Sparky®); O. Preuschoff: S. 13ol, 30u; A. Rosar, Stuttgart: S. 29or, 35u (2); Spotfire Images/M. McMillan, USA: S. 41 (4); Tessloff Verlag, Nürnberg: S. 4, 5, 11u (3), 12/13m, 16, 19ol, 22r, 23r (2), 29ml (2), 45ml; Tiergarten Nürnberg: S. 35ol; Dt. Feuerwehrverband: S. 10or (Warenzeichen 978940), 46 (4), 47mr.

UMSCHLAGFOTOS: Illuscope, Wien.

ILLUSTRATIONEN: inklink, Florenz

ISBN 3-7886-1501-X

Inhalt

24 Stunden einsatzbereit

Mehr als 80 Millionen Menschen leben in Deutschland – 147 auf einem Quadratkilometer. Viele von ihnen sind in Ballungsräumen wie Berlin oder Hamburg zu Hause. Aber auch die meisten anderen großen Städte verwandeln sich tagtäglich mit den zahlreichen Pendlern aus dem Umland in brodelnde Zentren wirtschaftlicher Aktivität.

Unfälle, vor allem im Straßenverkehr, sind da an der Tagesordnung. Aber auch Brände gehören noch immer zu einer Gesellschaft, die in höchstem Maße auf die Erzeugung von Energie angewiesen ist. Die helfende Hand, die in diesen und anderen Unglücksfällen schnell vor Ort ist, heißt Feuerwehr. 24 Stunden am Tag sind ihre Angehörigen bereit, unser Leben und unsere Umwelt zu schützen.

24 Stunden im Dienst

Rund um die Uhr befinden sich Tausende von Berufsfeuerwehrleuten im Dienst. Ihr Tagesablauf auf der Wache ist ebenso normal wie abwechslungsreich. Jeder weiß auf die Minute genau, was er zu tun hat. Der folgende Dienstablauf zeigt, womit sich Feuerwehrleute gewöhnlich beschäftigen, wenn sie nicht gerade zu einem Notfall ausrücken müssen.

07:30 Wachablösung. Wie jeden Morgen ist zunächst Fahrzeugübernahme. Die Motoren heulen auf, sämtliche Fahrzeuge werden auf den Hof gefahren und – ebenso wie die Gerätschaften – überprüft. Im Ernstfall muss alles hundertprozentig funktionieren.

Oft ist die Drehleiter der letzte Fluchtweg.

Alltag in der Feuerwache – häufig Routine, aber auch spannende Abwechslung.

Atemschutzübungen mit Puppen sind anstrengend.

07.50 Das Tagesprogramm startet. Die Männer beginnen auf dem Hof oder auch außerhalb der Wache verschiedene Übungen. Brandmanöver oder Fahrten mit dem Schlauchboot werden trainiert. Auch Verkehrsunfälle werden nachgestellt und eingeklemmte Übungspuppen befreit.

08.45 bis **09.15** Frühstückspause.

09.15 Das praktische Üben geht weiter. Regelmäßig wird es vom theoretischen Unterricht abgelöst: Das Bild des Feuerwehrmanns hat sich in den letzten Jahrzehnten vom „Nur-Feuerlöscher" zum „Universal-Techniker" gewandelt. Ohne umfangreiches technisches Wissen, zum Beispiel über Baukunde, die Wirkweise von Chemikalien oder den Umgang mit der Motorsäge, kommt niemand mehr aus.

12.00 bis **13.45** Eine halbe Stunde Mittagspause mit anschließender Bereitschaft.

13.45 Ab jetzt wird in den Werkstätten der Wache gearbeitet – es sei denn, es ist Freitag. Denn dann steht nach der Mittagspause Sport auf dem Dienstplan, und von halb vier bis halb sechs werden die Fahrzeuge gereinigt. Samstags ist neben der eigent-

lichen Bereitschaftzeit nur Schwimmen und Fahrzeugdurchsicht angesagt, und der Sonntag vergeht mit ganztägiger Bereitschaft.

17.30 Der Werkstatt- und Arbeitsdienst ist beendet. Nun beginnt der „Feierabend" – und damit die Bereitschaftszeit. Die Beamten können jetzt tun und lassen, was sie wollen, etwa lesen, fernsehen oder gemeinsam kochen. Nur eines dürfen sie nicht: die Wache verlassen.

22.00 oder später. Die Männer liegen in ihren Ruheräumen. Innen über der Tür hängt ein großes weißes Alarmlicht. Leuchtet es auf und schnarrt der Lautsprecher eine Durchsage, springen sie auf, schlüpfen in ihre Stiefel und ziehen die am Abend ziehharmonikaartig darüber gelegten Hosen hoch. Das dauert nur Sekunden. Dann geht es an Rutschstangen hinunter in die Fahrzeughalle. Die Hallentore haben sich inzwischen geöffnet. Blaulicht zuckt auf, ab geht die Fahrt. Minuten später ist der Einsatzort erreicht. Die Arbeit beginnt.

07.30 Feierabend. Die 24-Stunden-Schicht ist geschafft. Die Männer auch. Morgen folgt eine weitere und danach noch eine dritte. Dann, endlich, sind vier Tage frei.

Wenn die Feuerwehr ausrückt, kommt es auf jede Minute an.

Fitness-Training mit Atemschutzmasken.

In der Kraftfahrzeug-Werkstatt.

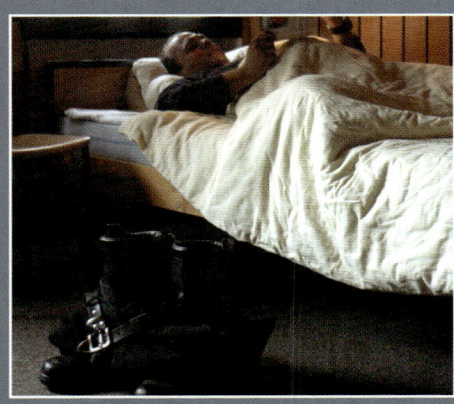

Die Ruhe vor dem Sturm.

Das Feuer war ein Geschenk des Himmels. Es wurde sorgsam gehütet.

Urgewalt Feuer

Wann fand der Mensch zum Feuer?

Der Mensch ist das einzige Lebewesen, das sich das Feuer zu Eigen gemacht hat. Ohne die vielen nützlichen Eigenschaften von Glut und Flammen wäre seine Entwicklung anders verlaufen. Das Feuer ermöglichte ihm, sich in kühleren Breiten niederzulassen, mit Fackeln auf die Jagd zu gehen, bessere Nahrung zuzubereiten und seine bescheidenen Geräte zu formen. Auch gab ihm das Feuer ein neues Gefühl der Geborgenheit – vor allem nachts, wenn es ihn wärmte und vor wilden Tieren schützte.

Wann genau und wo der Mensch die Kontrolle über die Flammen gewann, ist nicht bekannt. Manche Archäologen sehen in den über eine Million Jahre alten Funden von Swartkrans (Südafrika) Hinweise auf ersten Feuergebrauch. Andere Forscher datieren die Herrschaft über

Feuersteine

das Feuer erst auf die Zeit des Frühmenschen _Homo erectus_, der vor 350 000 bis 400 000 Jahren lebte – so alt sind die in Bilzingsleben (Thüringen) gefundenen Feuerstellen.

Die heiße, helle Flamme war mit großer Wahrscheinlichkeit ein Geschenk des Himmels. Verkohlte Reste nach einem durch Blitzschlag verursachten Waldbrand dürften dem Menschen erste Erfahrungen mit dem Feuer beschert haben. Schnell erkannte er seine Nützlichkeit und hütete es sorgsam. Das Verlöschen der kostbaren Glut brachte dem unachtsamen Hüter die Todesstrafe und der Sippe Not und Sorgen ein. Viele Sagen, Märchen und Bräuche woben sich um die rätselhafte Erscheinung des Feuers.

Später, vermutlich in der Jungsteinzeit, gelang es dem Menschen, die Schlagfunken zweier Feuersteine mit Zunder aufzufangen und aus dessen Glut durch kräftiges Pusten Flammen zu erzeugen.

FEUERHEILIGE

Das nützliche Feuer fand schon bald Eingang in die unterschiedlichsten Glaubensvorstellungen. So verehrten die Menschen im antiken Griechenland beispielsweise Hestia, die Göttin des Herdfeuers und Hephaistos, den Gott des Feuers und der Schmiedekunst. Auch die Hindus haben einen Feuergott. Er verbrennt die Wälder Indiens, um den Menschen Siedlungsraum zu geben. Andere Religionen machten die Feueranbetung sogar zur Pflicht.

FEUERORDNUNG

Die vermutlich älteste deutsche Feuerordnung stammt aus dem Jahre 1276. Sie ist im Augsburger Stadtbuch niedergelegt. Es heißt darin: „Wo und wann es brennet, so sollen, als bald die Sturmglocke erhillt, alle Bader und ihre Ehhalten (Gehilfen) mit ihren Badschaffeln zum Feuer rennen ... und sollen retten und arbeiten, was sie können. So aber einer der Vorgenannten nicht zum Feuer kömmt, dem ist die Stadt verboten für ein ganzes Jahr."

Wie wurden früher Brände gelöscht?

Die künstliche Schaffung von Feuer war die bedeutungsvollste Erfindung der Menschheitsgeschichte. Doch schon bald sollten die Menschen auch die Schrecken eines außer Kontrolle geratenen Feuers kennen lernen. Anfangs schrieb man das „Schadenfeuer" dem Wirken böser Mächte zu, gegen die nur zauberische Mittel helfen konnten. Häufig wurde es sogar als gottgewollte Strafe, als Strafgericht, hingestellt. Später, als verheerende Feuersbrünste ganze Dörfer und Städte in Schutt und Asche legten, sagte man der losgelassenen Naturgewalt jedoch entschlossen den Kampf an.

Über die Anfänge des Feuerwehrwesens ist nicht allzu viel bekannt. Geschichtsschreiber berichten, dass es im alten Rom wie auch in Ägypten private Sklavenfeuerwehren gegeben haben soll. Diese ersetzte im Jahre 6 n. Chr. Kaiser Augustus in Rom durch sieben Wachkohorten von je 1000 bis 1200 Mann. Sie bezogen eine kasernenartige Unterkunft und besetzten je eine Feuerwache in jeder der 14 Regionen der Stadt. In der ersten Berufsfeuerwehr der Welt versahen „aquarii" (Wasserträger), „siphonarii" (Spritzenleute), „centonarii" (Männer mit Löschdecken) und „sebaciarii" (Beleuchter am Brandplatz) ihren Dienst. Sie waren mit Löscheimern, Löschdecken

Alte Löscheimer aus Leder.

aus Lumpen, Äxten, Leitern und Einreißhaken ausgerüstet.

An eine ähnlich organisierte Brandbekämpfung war im übrigen Europa noch nicht zu denken. Als Folge verschwand zwischen dem 12. und 14. Jahrhundert, der Zeit der großen Brände, nahezu jede deutsche Stadt mindestens einmal vollständig von der Erdoberfläche.

Nun wurde der Wille zur Gegenwehr immer stärker. In den Städten übertrugen die Ratsherren den Handwerkerzünften den lebenswichtigen Feuerlöschdienst. Jeder Handwerker war verpflichtet, alle erforderlichen Löschgeräte – in der Regel Löscheimer, Einreißhaken und Handspritze – selbst anzuschaffen. Feuerordnungen wurden erlassen, Nachtwächter gingen auf Feuerpatrouille und der Türmer hoch über den Dächern der Stadt blies bei Feuer mit seiner Trompete Alarm. Aber die Erfolge in der Brandbekämpfung waren nur mäßig.

Die Einwohner einer mittelalterlichen Stadt bilden eine Eimerkette vom Brunnen zum Brandort.

Die technischen Hilfsmittel für die Brandbekämpfung waren bis zum Beginn des 19. Jahrhunderts noch ziemlich primitiv. Im lange Zeit wichtigsten Gerät – dem Löscheimer aus Leder, Stroh oder Segeltuch – wurde mit Eimerketten das Löschwasser zum Brandort transportiert.

Seit wann gibt es Löschtechnik?

Im 15. Jahrhundert tauchten die ersten mechanisierten Löschgeräte auf – billige Hand- oder Stockspritzen mit Kolben. Sie hatten zumeist anderthalb Liter Inhalt und ermöglichten einen kurzen, aber wenigstens gezielten Druckwasserstrahl auf brennende Gegenstände.

Schon ein Jahrhundert später folgten fahrbare Handdruckspritzen; das waren im Prinzip nur große Handspritzen, die man in einen mit Blech ausgekleideten Wasserkasten gestellt hatte. Das Hochziehen und Niederdrücken des Kolbens erfolgte mittels eines Druckbaums. Allerdings konnte nur ein stoßweise austretender Wasserstrahl erzeugt werden. Die älteste erhaltene einzylindrige Stoßspritze wurde 1624 gebaut. Sie steht heute im Deutschen Feuerwehrmuseum Fulda. Spätere Kastenspritzen sorgten mit ihrem Zweizylinderpumpwerk und einem auf dem Kopf stehenden Kupferkessel, dem so genannten Windkessel, für einen gleichmäßigen Wasserstrahl.

Frühzeitig, nämlich 1829, wurde auch schon die Feuerlöschdampf-spritze erfunden. Ihr Siegeszug setzte allerdings erst später ein. Mit einer Wasserleistung von 500 bis über 2000 Litern in der Minute war sie weitaus leistungsfähiger als die bislang gebräuchlichen Handdruckspritzen. Zunächst musste die Dampfspritze aber noch von Pferden

Sauo-Feuerspritze.

Historische Handspritze, undatiert.

gezogen werden. Auch war sie nicht sofort einsatzbereit. Ihre Anfeuerzeit dauerte zehn Minuten. Viele Bedienmannschaften wärmten deshalb ihre Dampfspritzen ständig vor. Mit der zuvor erfundenen Drehleiter, einem Kohle- und Gerätewagen sowie einem Mannschaftstransporter verfügte die Feuerwehr um 1900 bereits über komplette kleine Löschzüge.

DREHLEITER

Das Modell „einer auf einem Wagen befestigten Feuerleiter", die durch eine Winde ausgezogen und nach jeder Seite beliebig gedreht werden konnte, bekam 1808 der Gemeinderat von Knittlingen vorgeführt. Die Leiter gefiel. Sie wurde gebaut und war noch bis 1948 im Dienst. Die Knittlinger Leiter ist die weltweit dritte bekannt gewordene Drehleiter. Die erste wurde 1802 in Paris vorgeführt.

Schnittmodell einer Handdruckspritze von 1885 (links).

Am Himmelfahrtstag des Jahres 1842, morgens um ein Uhr dreißig, beginnen in Hamburg die Sturmglocken zu läuten: ein Speicher in der Deichstraße brennt. Funken regnen, und ein starker Südwind

Wo gab es die erste deutsche Berufsfeuerwehr?

Die vorgewärmte Dampfspritze wurde auf der Fahrt zum Brandort angeheizt.

Zweizylinderdampfspritze von Daimler aus dem Jahr 1890.

treibt das Feuer erbarmungslos in die Nachbarschaft. Die Flammen fressen sich durch die Straßen, vernichten nahezu ein Drittel der Stadt.

Der Schock von Hamburg löste eine spontane Feuerwehrbewegung aus. Als vier Jahre später der Stadtbaumeister des kleinen Städtchens Durlach bei Karlsruhe für seine neue Feuerspritze eine ständige Bedienung suchte, schlossen sich 50 Turner zu einem freiwilligen Feuerwehrkorps zusammen. 1847, beim Brand des Karlsruher Schlosstheaters, bestand die neue Truppe ihre erste Bewährungsprobe. Die Idee von der Freiwilligen Feuerwehr sprach sich schnell herum. Auch andere Städte gründeten nun ebenfalls freiwillige Turnerfeuerwehren.

Vor allem in den kleineren Orten erfüllten die Freiwilligen Feuerwehren ihre Aufgaben hervorragend. Für die schnell wachsenden Großstädte dagegen musste eine andere Lösung gefunden werden. In Berlin hieß diese, die Pflichtfeuerwehr umzubauen und 1851 dem Polizeipräsidium zu unterstellen. Damit wurde die erste deutsche Berufsfeuerwehr gegründet. Sie war militärisch organisiert und bestand aus fest angestellten „Feuermännern", mit denen die Feuerwachen Tag und Nacht besetzt waren. Das Beispiel Berlins machte schon bald Schule.

Feuerspritze der Berliner Feuerwehr um 1890.

Feuerwehr heute

Heute gibt es in Deutschland rund 26000 Feuerwehren.

Welche Feuerwehren gibt es?

Sie unterteilen sich in etwa 100 Berufsfeuerwehren (BF), 25000 Freiwillige Feuerwehren (FF) und schätzungsweise 900 Werkfeuerwehren (WF).

Berufsfeuerwehren sind öffentliche Feuerwehren. Sie bestehen aus hauptamtlich tätigen Einsatzkräften. Es gibt sie in Städten ab 100000 Einwohnern. Manche Berufsfeuerwehren haben die Größe mittlerer Betriebe. In ihnen sind häufig 300 bis 500, mitunter auch noch mehr Männer und Frauen beschäftigt. Die Feuerwachen müssen rund um die Uhr besetzt sein.

Freiwillige Feuerwehren bestehen aus ehrenamtlich tätigen Einsatzkräften. Sie sind aus dem öffentlichen Leben der Dörfer und kleineren Städte nicht mehr wegzudenken. Je nach den örtlichen Verhältnissen ist ihre Mindeststärke vorgeschrieben. Sie beträgt für eine kleine Ortsfeuerwehr 20, für einen Feuerwehrstützpunkt 30 und für einen Feuerwehrschwerpunkt 40 Feuerwehrangehörige. Freiwillige Feuerwehren gibt es aber auch in großen Städten mit Berufsfeuerwehren. Häufig stehen den „Profis" ebenso viele „Amateure" zur Seite.

Werkfeuerwehren werden von großen Betrieben – Werften, Raffinerien, Flughäfen, Kraftwerken und anderen – eingerichtet und unterhalten. Sie sind ebenso modern ausgerüstet und gut ausgebildet wie Berufsfeuerwehren. Meist verfügen sie auch über spezielle Ausrüstung und Fahrzeuge.

Täglich, in großen Städten beinahe stündlich, schlägt in irgendeiner Feuerwache unseres Landes der Alarmgong an.

Löscht die Feuerwehr nur Brände?

Er ist das Zeichen für einen neuen Einsatz der Feuerwehrleute.

Nicht immer aber wird die Feuerwehr gerufen, um dem „Feuer zu

FUNKRUFNAME

Sankt Florian ist der Schutzpatron der Feuerwehr. Florian ist auch ihr bundeseinheitliches Kennwort für Funkrufnamen im 4-Meter-Wellenbereich. Es besteht außerdem aus dem Einsatzbereich und der Fahrzeugkennzahl. So verrät der Funkrufname „Florian Leipzig 2/23-1": Das Fahrzeug gehört der Feuerwehr Leipzig, sein Standort ist die Feuerwache 2, hinter der 23 verbirgt sich die Teilkennzahl für ein Tanklöschfahrzeug TLF 16/24, und die 1 ist die laufende Nummer des Fahrzeugs gleicher Art am gleichen Standort.

Feuerwehrarbeit ist Teamarbeit. Jeder Handgriff muss sitzen.

Löschen · Bergen · Schützen · Retten

Mitarbeiter einer Feuerwache.

Bundeseinheitliche Vorschriften gelten allerdings für die Ausbildung und den Einsatz der Feuerwehren. Auch der Wahlspruch der Männer und Frauen in den bekannten blauen oder roten Uniformen ist überall der gleiche. Er lautet: „Retten – Löschen – Bergen – Schützen" und wird von allen auch in dieser Reihenfolge verstanden.

SCHLAUCHWÄSCHE

Moderne Schlauchwaschanlagen sind weitgehend automatisiert. Sie können von nur einem Mann bedient werden. Die zunächst eingeweichten Schläuche werden von einem

elektrisch betriebenen Schleppwagen durch eine Hochdruckwaschanlage gezogen. Nach der Druckprüfung zieht die Schlauchtransportanlage die nassen Schläuche computergesteuert in den Schlauchturm. Dort trocknen sie durch den Luftzug, der sich in dem kaminartigen Bauwerk mit Luftöffnungen oben und unten bildet.

In der Funkwerkstatt (links) gibt es ebenso wie in der Atemschutzwerkstatt (rechts) und in der Verwaltung (Mitte) viel zu tun.

wehren". Im Gegenteil – Brände machen heutzutage nur noch etwa ein Viertel aller Alarme aus. Immer öfter rückt die Feuerwehr mit Blaulicht und Martinshorn aus, um Menschen und Tieren in Notlagen schnell und qualifiziert zu helfen. Auch bei Unfällen, Wassereinbrüchen, Sturmschäden, Großveranstaltungen und natürlich im vorbeugenden Brandschutz werden die mutigen und vielseitig ausgebildeten Feuerwehrleute eingesetzt.

Die Feuerwehr, so sagt man heute, ist eine gemeinnützige, der Nächstenhilfe dienende Einrichtung. Ihre Aufgaben, ihren Einsatz und ihre Organisation regelt das Feuerwehrgesetz. Es ist ein Landesgesetz und kann sich von Bundesland zu Bundesland in einigen wenigen Punkten geringfügig unterscheiden.

Wie sieht es in einer Feuerwache aus?

Feuerwachen sind die Einsatzstützpunkte der Feuerwehr. Große Städte wie Leipzig und Nürnberg haben vier, Millionenstädte wie München und Hamburg zehn oder noch mehr Wachen.

Feuerwachen sind rund um die Uhr besetzt. In den größten arbeiten nicht selten mehr als 100 Menschen – und zwar oft in Berufen, die sie einmal erlernt haben. Viele Feuerwachen unterhalten eine Schlosserei, eine Elektro- und Kraftfahrzeugwerkstatt, eine Schreinerei, eine Schmiede, eine Lackiererei, eine Kleiderkammer mit angegliederter Schneiderei, eine Wäscherei, eine Tankstelle und ein Fotolabor.

Daneben gibt es noch etliche feuerwehrspezifische Einrichtungen. Zu ihnen gehören eine Atemschutz-Werkstatt, eine Funkwerkstatt und die Schlauchwäsche.

Die oberen Etagen einer Feuerwache sind in der Regel Unterrichtsräumen, der Verwaltung, einem Aufenthaltsraum und den Ruheräumen für die Einsatzkräfte vorbehalten. Damit in solchen Wachen die Feuerwehrmänner schnell zu ihren Fahrzeugen gelangen, verbinden oft Rutschstangen die einzelnen Obergeschosse direkt mit der Fahrzeughalle im Erdgeschoss. Dort befindet sich häufig auch die Einsatzleitstelle. Verfügt eine Stadt über mehrere Feuerwachen, dient eine von ihnen als Hauptwache. In deren Einsatzzentrale laufen dann alle Notrufe zusammen, und von hier aus werden die einzelnen Löschzüge und Fahrzeuge alarmiert.

Wie arbeitet eine Leitstelle?

In der rund um die Uhr besetzten Leitstelle schlägt das Herz der Feuerwache. Ist sie ausschließlich für die Einsatzkräfte der Feuerwehr zuständig, heißt sie Feuerwehr-Leitstelle. Koordiniert und lenkt sie aber auch die Einsätze der Notärzte, der

Rettungswagen, des Rettungshubschraubers und des Katastrophenschutzes einer Stadt, dann spricht man von einer Integrierten Leitstelle.

Der Erfolg eines Einsatzes hängt wesentlich vom Funktionieren einer Leitstelle ab. Die Mitarbeiter an den Einsatzleitplätzen, die Disponenten, müssen nicht nur vom häufig sehr aufgeregten Anrufer ruhig, aber bestimmt die notwendigen Informationen erfragen und daraufhin das richtige Einsatzmittel alarmieren. Ihre Aufgabe ist es auch, weitere Stellen wie Polizei oder Krankenhaus zu informieren, die Einsatzkräfte über Funk zu führen und den Verlauf des Einsatzes zu dokumentieren. Das gelänge ohne das vollautomatisier-

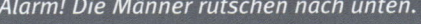

Alarm! Die Männer rutschen nach unten.

Blitzschnell geht es in die Einsatzkleidung .

te und rechnergestützte Einsatzleitsystem nur halb so gut. In Sekundenschnelle sucht es dem Disponenten nach einem Notruf die nächstgelegenen geeigneten Rettungskräfte aus und alarmiert sie auch auf Wunsch. Ein Bildschirm zeigt indessen den zugehörigen Ausschnitt des Stadtplanes an. Das Fahrzeugortungssystem GPS ermöglicht dem Disponenten, die Fahrzeuge schnell und ohne Umwege an den Einsatzort heranzuführen.

Der Einsatzleitrechner besteht aus zwei gleichen Systemen. Fällt eines der beiden aus, übernimmt das

ALARMSTUFEN

Die Feuerwehr kennt sieben verschiedene Alarmstufen (rechts) – je nach Ausmaß des Notfalles, zu dem sie gerufen wird. In jedem Alarmplan ist festgehalten, welche Maßnahmen bei welcher Alarmstufe ausgelöst werden müssen. Darüber hinaus sind im Leitrechner rund 400 Einsatzstichpunkte vorhanden, die einen genauen Einsatz von Feuerwehrfahrzeugen und spezieller Ausrüstung festlegen.

FEHLEINSÄTZE gehören bei den Feuerwehrangehörigen zu den unbeliebtesten Einsätzen. Grund sind oftmals zu empfindlich eingestellte Brand- und Rauchmelder. Aber auch die so genannten „böswilligen" Fehlalarme – allein rund 3500 jährlich in Nordrhein-Westfalen – machen der Feuerwehr zu schaffen. Wer absichtlich Notrufanlagen missbraucht, kann mit einer Freiheitsstrafe bis zu einem Jahr bestraft werden.

Kleinbrand
(Rasen, Mülltonne)

Mittelbrand (Zimmer, mehrere Pkw, Gebäude)

Großbrand (Tankzug, größere Objekte, Waldbrand)

kleinere Technische Hilfeleistung
(Ölspur, Tierrettung)

mittlere THL
(Verkehrsunfall mit eingeklemmter Person)

größere THL (Massenunfall, Explosion, Flugzeugabsturz)

Katastrophenalarm
(Chemieunfall, Gas, radioaktive Stoffe)

andere sofort alle Aufgaben. Die Integrierten Leitstellen von Millionenstädten wie München und Hamburg nehmen täglich über 1700 Notrufe entgegen.

Es ist 23.10 Uhr. Ein Notruf erreicht die Einsatzzentrale. „Bitte kommen Sie schnell, im Haus gegenüber brennt es!" Der Feuerwehrbeamte beruhigt den Anrufer, erfragt Genaueres und gibt die Daten in den Einsatzleitrechner ein. Der Computer errechnet genau, was jetzt zu tun ist. In Sekundenbruchteilen erstellt er einen Einsatz-

Was passiert nach einem Notruf?

Fahrzeughallen öffnen sich automatisch. Gleichzeitig kommt aus allen Lautsprechern die Durchsage der Einsatzleitstelle: „Achtung, Feuer, Ortsteil Schönefeld, Mittelstraße 3, vermutlich Zimmerbrand 2. OG. Es rücken aus: Feuerwache 1, LF 24, DLK, RTW 1, RTW 2, ELW; Feuerwache 3, LF 24, DLK, AB-A." Die Abkürzungen stehen für Löschfahrzeug (LF), Drehleiter mit Rettungskorb (DLK), Rettungswagen (RTW), Einsatzleitwagen (ELW) und den Abrollbehälter Atemschutz (AB-A).

Inzwischen stellt der Einsatzleitrechner so genannte Alarmschreiben zusammen. Sie enthalten alle wichtigen Informationen für die ausrückenden Kräfte: die Adresse

... dann im Laufschritt zu den Fahrzeugen. *Der Atemschutz wird bereits angelegt.* *Los geht es – nach nur 90 Sekunden!*

Die Einsatzzentrale ist das Herz jeder Feuerwache.

vorschlag. Der Beamte bestätigt ihn und löst die Alarmierung aus.

In den alarmierten Feuerwachen schaltet sich in allen Räumen das Alarmlicht ein, der aufsteigende Viertongong ertönt und die Tore der

des Einsatzortes, die Beschreibung der Anfahrt, Hinweise auf Hydranten, Rettungs- und Fluchtwege und Besonderheiten des Objekts. Der Alarmdrucker in der Fahrzeughalle druckt die Alarmschreiben für jedes am Einsatz beteiligte Fahrzeug automatisch aus. Dann rücken die Züge aus. Höchstens 90 Sekunden sind seit dem Eingang des Alarms vergangen. Um die rasche Anfahrt zur Einsatzstelle zu sichern, schaltet der Leitstellenrechner mancherorts die Ampeln auf „Grün".

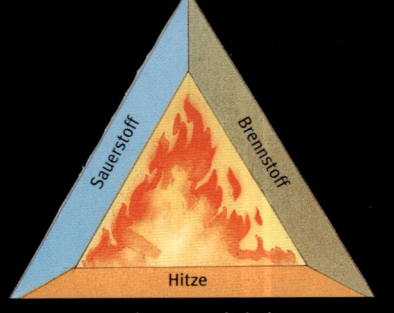

Verbrennungsdreieck

Die Kunst des Löschens

Jahrtausendelang nutzte der Mensch das Feuer, ohne sich sein Wesen hinreichend erklären zu können. Der erste Forscher,

Was ist Feuer?

der den Brennvorgang wissenschaftlich untersuchte, war der französische Chemiker Antoine Lavoisier. 1775 fand er heraus, dass verbrennen oxidieren heißt, also Sauerstoff aus der Luft aufnehmen. Heute wissen wir, dass es auch Oxidationen gibt, die ohne Hitze und Flammenbildung ablaufen: das Rosten beispielsweise, ein langsamer Verbrennungsvorgang, bei dem sich Eisen mit Sauerstoff verbindet.

Eine Verbrennung, die unter Licht-, Wärme- und meist auch Flammenentwicklung stattfindet, nennt man Feuer. Feuer benötigt drei Dinge zum Brennen: einen brennbaren Stoff, Sauerstoff und eine Startwärme oder Zündtemperatur. Die uns geläufigen Brennstoffe sind Holz, Papier, Pappe, Kohle und Erdöl – organische Materialien also, die im Wesentlichen aus Kohlenstoff und Wasserstoff bestehen.

Erhält ein Feuer keine regelmäßige Sauerstoffzufuhr, erstickt es – so, wie es sich ohne Aktivierungsenergie nicht entzündet: Erst die Entzündungstemperatur startet den chemischen Verbrennungsprozess des Brennstoffs. Sie lässt einige seiner Moleküle zunächst zerbrechen. Weil

die Bruchstücke mit Sauerstoff reagieren, erhält sich das Feuer von nun an selbst: Es wird so viel Energie frei, dass das nächste Molekül zerbricht. Eine Art Kettenreaktion setzt ein. Maßgebend für die Zündwilligkeit und die Verbrennungsgeschwindigkeit ist das Mengenverhältnis zwischen brennbarem Stoff und Sauerstoff. Die Zündtemperatur kann auf verschiedene Weise erreicht werden: durch ein Streichholz beispielsweise, durch einen Gasanzünder, durch eine heiße Oberfläche oder durch Wärmestrahlung. Jede Brennstoffart hat eine andere Zündtemperatur.

Die meisten festen brennbaren Stoffe wie Holz oder Textilien verbrennen mit Glut und Flamme. Metalle zeigen bei einer Verbrennung lediglich Glut, und bei einem Flüssigkeits- oder Gasbrand ist nur eine Flamme zu sehen.

Man braucht dem Feuer nur eine seiner drei Voraussetzungen zu entziehen – dann sollte es besiegt sein. Nimmt man ihm also den Brennstoff, dann findet es keinen brennbaren Nachschub mehr. Das Feuer verlöscht. Entzieht man ihm den Sauerstoff, dann wird der Verbrennungsvorgang aufgehalten. Das Feuer erstickt. Kühlt man es dagegen ab, verringert sich seine Wärmeenergie. Das Feuer verliert rasch an Kraft, und der Verbrennungsvorgang kommt zum Erliegen.

Was löscht ein Feuer?

Grundsätzlich versucht die Feuerwehr, einen Brand entweder durch Abkühlen oder durch Ersticken zu

FLAMMEN sind bei der Verbrennung von Gasen und Dämpfen wahrnehmbare Lichterscheinungen. Die Flammentemperatur ist das Maß für die Wärmeenergie einer Flamme. Sie beträgt bei: Kohle 1200 Grad Celsius, Koks 1600 Grad Celsius, Magnesium 2000 Grad Celsius, Papier 800 Grad Celsius, Benzin 1170 Grad Celsius, flüssigem Propan 1500 Grad Celsius und Wasserstoff 2000 Grad Celsius.

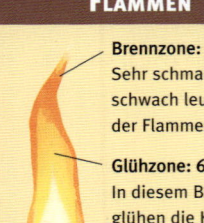

FLAMMEN

Brennzone: 1100°C
Sehr schmaler, schwach leuchtender Flammensaum.

Glühzone: 600°C
In diesem Bereich glühen die Kohlenstoffpartikel.

Dampfzone: 300°C
Nicht leuchtender Bereich der Flamme. Hier verflüssigt sich das feste Wachs, steigt durch den Docht nach oben und wird gasförmig.

Löschschaum trennt den Brennstoff vom Sauerstoff.

Wasser ist noch immer das wichtigste Löschmittel.

BRANDKLASSEN

Um die vielen Brandstoffe und die unterschiedlichen Brandabläufe besser überschauen zu können, hat man die brennbaren Stoffe nach gleichartigem Brandverhalten in vier Brandklassen eingeteilt:

 A Brände fester Stoffe (wie Papier, Holz, Kohle)

 B Brände flüssiger Stoffe (wie Öle, Fette, Benzin)

 C Brände gasförmiger Stoffe (wie Methan, Propan)

D Brände von Metallen (wie Aluminium, Magnesium)

bekämpfen. Darüber hinaus gibt es noch die so genannte Inhibition (engl. für Hemmung, Verhinderung). Dieser Löscheffekt beruht auf der chemischen Reaktion zwischen Löschmitteln und brennbarem Stoff oder auf physikalischen Vorgängen.

Als Faustregel gilt: Glut wird abgekühlt, Flammen werden erstickt. Für jede dieser Möglichkeiten gibt es geeignete Löschmittel.

Die von den Feuerwehrleuten am häufigsten eingesetzten Löschmittel sind Wasser sowie Wasser mit Zusätzen, daneben Schaum, Pulver und Löschgas.

Welche Löschmittel unterscheidet man?

Das älteste, bekannteste und noch immer wichtigste Löschmittel ist das Wasser. Es kann bei über 90 Prozent aller Brände eingesetzt werden. Wasser ist billig, leicht zu transportieren, fast überall vorhanden und umweltverträglich. Seine Löschwirkung entsteht durch Abkühlung des Feuers. Ein Liter Wasser verdunstet in einem Feuer schlagartig zu 1 700 Litern Dampf, kühlt dabei die Flammen ab und entzieht

ihnen somit die notwendige Energie. Wasser kommt vor allem bei Glut bildenden Bränden von Holz und Textilien zum Einsatz.

Der Löschschaum ist ein Gemisch aus Wasser, Schaummittel und Luft. Schäume breiten sich über dem Brennstoff aus und trennen ihn vom Sauerstoff in der Luft. Zugleich kühlt der Wasseranteil im Schaum und entzieht dem Feuer die Energie. Schaum wird vor allem bei Flüssigkeitsbränden (z. B. Benzin) im Freien und in Räumen verwendet.

Auch Löschpulver eignet sich, um Flüssigkeitsbrände zu bekämpfen. Es wird mithilfe eines Treibgases aus einem Druckbehälter auf den Brandherd gesprüht. Auch bei Bränden von Metallen und Gasen wird Pulver verwendet. Löschpulver sind Chemikalien. Sie müssen als Sonderabfall entsorgt werden.

Eines der bekanntesten Löschgase ist Kohlendioxid. Weil es keine Löschwasserschäden oder Verschmutzungen – wie durch Pulver – nach sich zieht, wird es gern bei hochwertigen Computeranlagen eingesetzt. Das Löschgas Kohlendioxid verdrängt die Luft und bringt so das Feuer zum Ersticken.

Wie setzt sich ein Löschzug zusammen?

Bei der Hauptfeuerwache geht ein Notruf ein. Eine Wohnung im ersten Obergeschoss brennt. Das Treppenhaus ist durch starke Rauchentwicklung unpassierbar. Und in der darüber liegenden Wohnung befindet sich ein junger Mann. Er ist in hohem Maße gefährdet.

Der Leitstellenrechner macht sich an die Arbeit. In Sekundenschnelle schlägt er die Alarmierung eines Löschzuges vor. Er besteht aus fünf Einsatzfahrzeugen, die aus zwei Feuerwachen anrücken. Die dem Unglücksort nähere Wache schickt ein Löschfahrzeug (LF), die Drehleiter (DLF) und den Rettungswagen (RTW). Aus der anderen Wache starten der Einsatzleitwagen (ELW) und ein zweites LF. Die fünf Fahrzeuge sind mit 22 Feuerwehrleuten besetzt. In der Regel besteht ein Löschzug aus mindestens drei Fahrzeugen mit Mannschaft – und bildet damit eine so genannte taktische Einheit der Feuerwehr.

Ein kompletter Löschzug besteht aus mindestens drei Fahrzeugen, z. B. zwei Löschfahrzeugen und dem Drehleiterfahrzeug (Mitte).

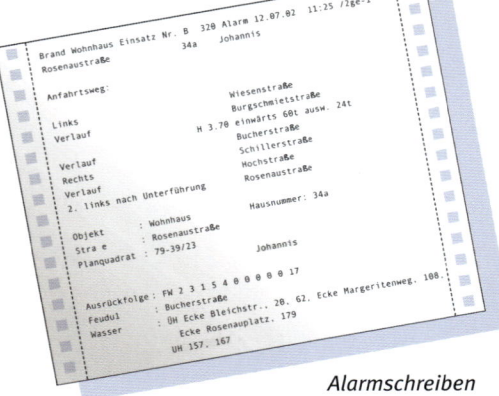

Alarmschreiben

Was ist eine Löschgruppe?

Ein fachgerechter Löschangriff zur Bekämpfung eines Brandes erfolgt stets mit einer Löschgruppe. Die Mannschaft einer Gruppe setzt sich aus einem Gruppenführer, drei Trupps sowie einem Maschinisten zusammen. Der Maschinist ist für die im Löschfahrzeug mitgeführten Aggregate verantwortlich, zugleich ist er dessen Fahrer. Bis vor einigen Jahren wurde zusätzlich ein Melder eingesetzt. Er übermittelte Befehle und Meldungen und wurde für besondere Aufgaben eingesetzt. Heute bleibt seine Position meist unbesetzt, da die Kommunikation über Funk erfolgt.

Kern der Löschgruppe sind die drei Trupps. Jeder Trupp besteht aus zwei Mann: einem Truppführer und ei-

SIGNALPFEIFE

Jeder Feuerwehrmann führt im Einsatz eine doppeltönige Signalpfeife mit sich, um Hinweise oder bei drohender Gefahr Notsignale geben zu können. So bedeutet ein langer, hoher Ton, wiederholt gegeben: „Ich bin in Not." Pfeift er dagegen: Hoch-tief-hoch-tief, heißt das: „Gefahr! Alles sofort zurück!"

Das Löschgruppenfahrzeug führt alles mit, was es zum Löschen und Retten braucht.

Einsatzleitwagen

DIE SCHUTZAUSRÜSTUNG

Jeder Feuerwehrmann hat eine persönliche Schutzausrüstung. Sie besteht aus dem Feuerwehrschutzanzug, einem Helm, Handschuhen und Stiefeln. Zum Schutzanzug gehören Hose und Überjacke aus schwer brennbarem Material mit Sicherheitsleuchtstreifen und dem Aufdruck „Feuerwehr". Ergänzt wird die Ausrüstung durch einen Sicherheitsgurt, ein Feuerwehrbeil und die Feuerwehrleine. Die 30 Meter lange und äußerst reißfeste Leine wird auf dem Rücken getragen. Sie dient zur Rettung von Personen, zum eigenen Absichern, als Signalleine und zum Hochziehen und Ablassen von Gerät. Zur Sonderschutzkleidung gehören die Hitzeschutzanzüge. Sie sind mit Aluminium be-

schichtet, haben ein Hitzeschutzsichtfenster im Visier und werden über der normalen Einsatzuniform getragen. Darüber hinaus gibt es Chemikalienschutzanzüge, das sind wasser- und luftundurchlässige Kunststoffanzüge, Mineralölschutzanzüge, Strahlenschutzanzüge sowie Insektenschutzkleidung.

Sicherheitsleuchtstreifen

Stiefel mit Anziehschlaufe und hitzebeständiger Sohle

Feuerwehrhelm mit Visier und Nackenschutz

Handschuhe aus flammenhemmendem Material

Feuerwehrleine im Tragebeutel

Sicherheitsgurt

Feuerwehrbeil

Schutzanzug: Hose und Überjacke aus schwer brennbarem Material

nem Truppmann. Der Wassertrupp hat für das ordnungsgemäße Bereitstellen von Löschwasser zu sorgen: Er nimmt den Hydranten in Betrieb und stellt die Schlauchleitung zur Kreiselpumpe am Löschfahrzeug her. Der Schlauchtrupp legt die Schläuche vom Fahrzeug zur Brandstelle und setzt den Verteiler. Der Angriffstrupp rüstet sich mit dem Strahlrohr aus, sucht die verqualmten Räume nach Personen ab und bekämpft die Flammen. Später, nachdem weitere Schläuche verlegt sind, greifen auch der Wasser- und der Schlauchtrupp als zweiter und dritter Angriffstrupp in die aktive Brandbekämpfung ein. Jeder ist so ausgebildet, dass er problemlos die Aufgaben des anderen übernehmen kann. Diesen Tausch der Funktionen innerhalb der Löschgruppe haben die Feuerwehrleute während ihrer Grundausbildung immer wieder üben müssen – mit jeweils anderer Ausrüstung und anderen Handgriffen. Es hat sich bezahlt gemacht.

Mit der Tragkraftspritze, einer tragbaren Feuerlöschkreiselpumpe, wird Löschwasser angesaugt und gefördert.

Links, im Löschwasserteich, befindet sich der formstabile Saugschlauch, rechts der flexible Druckschlauch.

Woher kommt das Löschwasser?

In Städten und Gemeinden entnimmt man das Löschwasser den Hydranten. Das sind in das zentrale Trinkwassernetz installierte Wasserentnahmestellen. Hydranten befinden sich in geschlossenen Ortschaften etwa alle 100 Meter. Um sie schnell und problemlos zu finden, gibt es für größere Ortschaften Hydrantenpläne und -verzeichnisse, die in den Einsatzfahrzeugen bereitliegen.

Man unterscheidet Unterflurhydranten und Überflurhydranten. Unterflurhydranten sind unterirdische Hydranten. Sie entnehmen das Löschwasser mithilfe eines Standrohres dem Netz. Unterflurhydranten werden durch eine Straßenkappe mit der Straßenoberkante bündig abgeschlossen. Gut sichtbare Hinweistafeln zeigen an, wo sie sich befinden. Leichter zu erkennen sind die Überflurhydranten. Sie ragen etwa einen Meter über den Erdboden hinaus. Sind ihre Anschlüsse wie von einem Mantel umhüllt, spricht man von einem Fallmantelhydranten. Beim Öffnen mit einem speziellen Schlüssel fällt der Mantel in eine tiefere Position und gibt die Anschlüsse für die Schläuche frei.

Löschwasser steht aber auch in künstlich angelegten Entnahmestellen zur Verfügung. Das sind beispielsweise unterirdische Löschwasserbehälter aus Metall oder Kunststoff und Löschwasserbrunnen. Aus ihnen muss für mindestens drei Stunden Löschwasser entnommen werden können. Unerschöpfliche Entnahmestellen sind auch Teiche, Seen, Flüsse oder Kanäle. Wasser aus offenen Gewässern wird mit der Feuerlöschkreiselpumpe angesaugt und in die Schläuche gedrückt.

WASSERSCHÄDEN

Wasser ist ein hervorragendes Abkühlmittel. Die Feuerwehrleute versuchen, sehr dosiert mit ihm umzugehen. Immerhin wiegen 1000 Liter Wasser eine Tonne; ein Zuviel an Löschwasser kann ein Bauwerk durchaus einstürzen lassen. Außerdem sind die angerichteten Wasserschäden bei unfachmännischen Löschversuchen nicht selten größer als der eigentliche Brandschaden.

Links ein Überflurhydrant, oben ein Unterflurhydrant.

Hydranten müssen im Brand-
fall schnell zu finden sein.
Daher weisen rot umrandete
weiße Schilder auf die Lage
von Unterflurhydranten hin.
Sie geben den Durchmesser

der Rohr-
leitung
(im Bei-
spiel H 80
= 80 Mil-

limeter) und die Entfernung
des Hydranten zum Schild an:
Hier befindet sich der Hydrant
0,8 Meter vor dem Schild und
1,0 Meter links von ihm. Aus
dem Durchmesser der Rohr-
leitung können die Feuerwehrleute Rückschlüsse auf die
Wasserliefermenge ziehen.

*Mit dem Hydrantenschlüssel
wird das Wasser aufgedreht.*

Welche Schläuche gibt es?

Schläuche gehören zu den wichtigsten feuer-
wehrtechnischen
Geräten. Von
ihrem Zustand
hängt es in ho-
hem Maße ab,
ob das Löschwasser sicher und kon-
tinuierlich an die Brandstelle gelangt. Deshalb müssen sie nach
jedem Einsatz sorgfältig gereinigt,
geprüft, getrocknet
und wenn nötig repa-
riert werden.

Feuerwehrschläu-
che bestehen aus be-
schichteten textilen
Geweben oder aus
Kunstfaser. Um sie
untereinander und
mit Armaturen verbin-
den zu können, sind
an den beiden Enden
eines Schlauches glei-
che Kupplungen an-
gebracht.

Die Schlauchgröße
wird durch die Buch-
staben A, B, C und
D gekennzeichnet. A-
Schläuche sind mit

einem Innendurchmesser von 110
Millimetern die größten, D-Schläu-
che (25 mm) die kleinsten.

Man teilt Feuerwehrschläuche je
nach dem Verwendungszweck in
Saugschläuche und Druckschläuche
ein. Mit den formbeständigen und
flexiblen Saugschläuchen wird das
Wasser aus stehenden oder fließen-
den Gewässern über eine Kreiselpumpe angesaugt. Druckschläuche
leiten dagegen das
Löschwasser zur Ein-
satzstelle. Sie lassen
sich in leerem Zustand
flach falten und rollen.
B-Druckschläuche ha-
ben einen Innendurch-
messer von 75 mm. Sie
dienen als Förderlei-
tung bis zum Verteiler.
Dieser sorgt dafür, die
durch die B-Schlauch-
leitung geführte Was-
sermenge auf drei
kleinere Schläuche zu
verteilen. C- und B-
Druckschläuche wie-
derum leiten das Was-
ser vom Verteiler zu
den Strahlrohren.

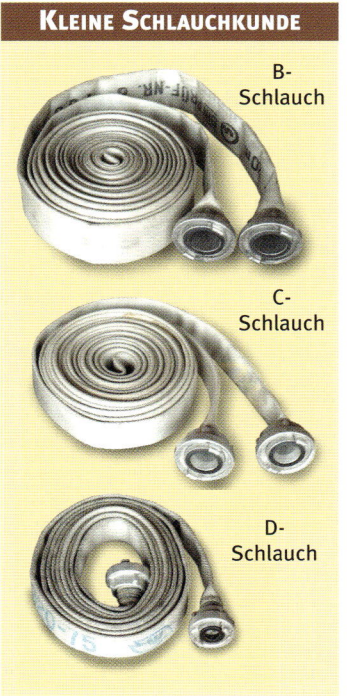

KLEINE SCHLAUCHKUNDE

B-Schlauch

C-Schlauch

D-Schlauch

*Der B-Schlauch wird an das
Standrohr angeschlossen.*

Schlauchbrücke aus Metall

*Der Wassertrupp einer Lösch-
gruppe schließt einen Unterflurhydranten an.*

B-Schlauch zum
Löschfahrzeug

*Ein Truppmann sichert
die Einsatzstelle.*

Trinkwassernetz

Der große Löschangriff

Ein Wohnhaus brennt, ein Menschenleben ist in Gefahr. Die
Feuerwehr kommt mit einem Löschzug – das sind zwei Lösch-
gruppenfahrzeuge (hier ist der Übersichtlichkeit wegen nur
eines dargestellt) und die Drehleiter. Auch ein Einsatzleitwagen und ein Rettungswagen rücken zur Einsatzstelle aus. Vor Ort muss jeder Handgriff
sitzt. Nach zwei Stunden ist das Feuer gelöscht und der Mann gerettet.
Alle Schlauchleitungen werden abgebaut und die Geräte
in den Fahrzeugen verstaut.

1. Der Angriffstrupp A – bestehend aus Truppführer und Truppmann – dringt mit dem C-Schlauch in das Innere des Hauses ein.

2. Der Schlauch ist in Buchten gelegt – der Weg zum Brandherd im Inneren des Hauses kann weit sein.

3. Während der Truppführer des Angriffstrupps B von außen durch die Fensteröffnung löscht, sichert der Truppmann die Steckleiter.

4. Auch der Angriffstrupp C bekämpft den Brand von außen.

5. Die Drehleiter ist die einzige Möglichkeit, den von Feuer und Rauch bedrohten Hausbewohner zu retten. Rasch und präzise fährt der Feuerwehrmann den Rettungskorb an ihn heran.

6. Ein Feuerwehrmann beruhigt den gefährdeten Mann über Megaphon.

7. Ein weiterer Trupp bereitet sich auf den Einsatz mit Atemschutzgeräten vor, die sie vor lebensbedrohlichen Rauchgasen schützen.

8. Ein Feuerwehrmann überprüft und bedient den Verteiler. Er weiß genau, an welchen Abgang welcher Trupp angeschlossen ist.

9. Der Maschinist prüft die Schlauchkupplung. Im Löschfahrzeug erzeugt eine vom Fahrzeugmotor angetriebene Kreiselpumpe den für die Strahlrohre notwendigen Wasserdruck.

10. Ein Trupp macht den Drucklüfter bereit, mit dessen Hilfe der Rauch ins Freie gedrückt werden soll.

11. Notarzt und Sanitäter stehen bereit, falls es Verletzte geben sollte.

12. Der Wassertrupp, der die Saugleitungen vom Hydranten zur Kreiselpumpe hergestellt hat, erreicht nun die Einsatzstelle.

13. Ein Feuerwehrmann begibt sich mit einem Schlauchtragekorb zum Löschfahrzeug.

14. Der Einsatzleiter am Einsatzleitfahrzeug ist für den Löschangriff verantwortlich.

Ist die Wasserförderung aufgebaut, gibt der Strahlrohrführer dem Maschinisten den Befehl „Wasser marsch!" Dann legt der Feuerwehrmann am Strahlrohr einen Hebel um. Je nachdem, welche Schaltstellung er gewählt hat, schießt das Wasser als Vollstrahl (Absperrhebel nach vorn) oder als Sprühstrahl (Absperrhebel nach hinten) heraus.

Das größte der Mehrzweckstrahlrohre, wie man sie wegen ihrer ver-

Was können Strahlrohre?

braucht. Noch feiner vernebeln die so genannten Hohlstrahlrohre das Wasser. Sie sind stufenlos verstellbar und werden immer häufiger verwendet.

Sollen besonders große Wurfweiten erzielt werden, kommen Monitore zum Einsatz. Dieser englischsprachige Ausdruck bedeutet bei der Feuerwehr „Strahldüse". Monitore sind Werfer für Löschmittel. Sie können auf Feuerwehrfahrzeugen montiert sein oder auch mitgeführt werden. Mit Monitoren lassen sich Wurfweiten von nahezu 100 Metern erzielen.

Zu den Strahlrohren gehören auch die Schaumstrahlrohre. Sie

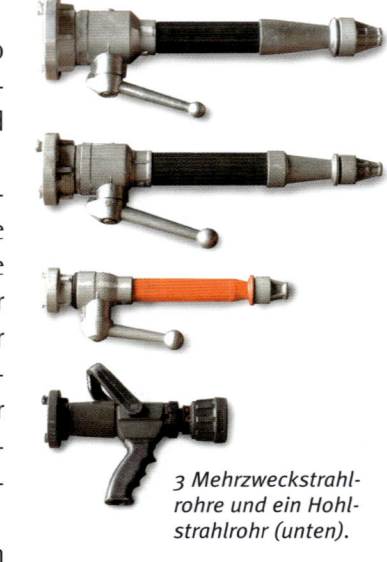

3 Mehrzweckstrahlrohre und ein Hohlstrahlrohr (unten).

Hebel nach hinten: Sprühstrahl
Hebel nach vorn: Vollstrahl.

schiedenen Funktionen auch nennt, ist das B-Strahlrohr. Es ermöglicht einen Wasserdurchfluss von bis zu 800 l/min. Die maximale Wurfweite wird mit dem Vollstrahl erreicht. Dann muss der Feuerwehrmann das Rohr auf etwa 32 Grad von der Waagerechten aufrichten. Beim Sprühstrahl wird das Wasser nach Verlassen des Strahlrohres in Tröpfchen zerlegt. Dadurch vergrößert sich die Oberfläche des Löschstrahls um ein Vielfaches gegenüber dem Vollstrahl, die Kühlwirkung verbessert sich und es wird weniger Wasser ver-

formen das vom Zumischer ankommende Wasser-Schaummittel-Gemisch unter Ansaugen von Luft zu einem fertigen Luftschaum, den sie in freiem Strahl ausbringen.

Jährlich werden in Deutschland etwa 600 Menschen Opfer eines Brandes. Die wenigsten von ihnen aber sterben durch Flammen. 80 Prozent tötet der Rauch: Während man dem sichtba-

Was ist ein Flash-Over?

GEFÄHRLICH

Der Umgang mit Strahlrohren ist nicht ungefährlich. Wird eine Schlauchleitung mit Strahlrohr im geöffneten Zustand nicht festgehalten, lässt der hohe Rückdruck das Strahlrohr gefährlich umherschlagen. In der Regel sind zwei Mann notwendig, um einen C-Schlauch mit Strahlrohr zu bedienen. Bei einem B-Schlauch sind sogar drei Mann erforderlich.

nach 6 Minuten

nach 4 Minuten

nach 2 Minuten

Brandraum

*So schnell breitet
sich Rauch aus.*

TÖDLICHER RAUCH

In den vergangenen 20 Jahren vervierfachte sich die Zahl der tödlichen Rauchvergiftungen. Eine Ursache sind die modernen Kunststoffe in unseren Wohnungen. Eine zehn Kilogramm schwere Schaumgummimimatratze aus einem Kinderbett verwandelt sich bei der Verbrennung in 25 000 Kubikmeter Rauch. Damit könnte man etwa 30 Einfamilienhäuser füllen.

ren und örtlich begrenzten Feuer oft leicht entrinnen kann, überfällt der Rauch seine Opfer blitzschnell. Schon nach wenigen Atemzügen ist man bewusstlos.

Auch den Feuerwehrleuten mit ihren Atemschutzgeräten kann der Rauch gefährlich werden. Das ist zum Beispiel dann der Fall, wenn es in geschlossenen Räumen brennt. Dann sammeln sich Rauch und Ruß unter der Zimmerdecke. Der Rauch, der nicht abziehen kann, sinkt immer tiefer, die Lufttemperatur dagegen steigt steil an. Schon in nur einem Meter Höhe beträgt sie mehr als 600 Grad Celsius. Wird nun die Tür geöffnet, bekommt das Feuer Sauerstoff und der heiße Rauch kann sich schlagartig entzünden (Fachbegriff „Flash-Over", engl. für Rauchdurchzündung). Um der Stichflamme möglichst wenig Angriffsfläche zu bieten, dringen die Feuerwehrleute auf allen Vieren in den Raum ein. Beinahe gleichzeitig müssen sie der Stichflamme ausweichen, die Zimmerdecke mit Wasser abkühlen und den Brandherd bekämpfen.

Bei Brandeinsätzen mit viel Qualm und Rauch legen die Feuerwehrleute Atemschutzgeräte an. Unabhängig von der Umluft sind die Pressluftatmer mit einem Vorrat von ca. 1600 Litern normaler Luft. Je nach Atemluftverbrauch kann sich der Feuerwehrmann etwa 20 Minuten am Einsatzort aufhalten. Die maximale Einsatzzeit beträgt mit zwei Pressluftflaschen sogar eine Stunde. Am Fahrzeug überwacht eine Registrierbox automatisch die Einsatzzeiten der Truppe und gibt bei Zeitüberschreitung ein Signal. Sechs verschiedenfarbige LED-Kontrollanzeigen zeigen die bereits abgelaufene Einsatzzeit an. Ein Zusatzgerät überwacht ständig die Bewegungen des Trägers. Ist er etwa bewusstlos und bewegt sich nicht mehr, löst ein Notsignalgeber am Atemschutzgerät einen lauten Alarm aus.

Registrierbox des Atemschutzgerätes.

Wenn der Wald brennt

Im Frühjahr, nach längeren Trockenperioden, und in heißen, regenarmen Sommern müssen die Feuerwehren und Forstverwaltungen besonders auf der Hut sein. Dann drohen Wald- und Moorbrände. Warnstufen geben an, wie gefährdet bestimmte Waldgebiete sind. Sie reichen von „1" (Waldbrandgefahr) bis „4" (Höchste Waldbrandgefahr) und werden auf Grundlage exakter Messwerte der Niederschlagsmenge, der Luftfeuchtigkeit, der Windgeschwindigkeit und des Vegetationszustandes ermittelt. Die Waldbrandwarnstufen

Wie entstehen Waldbrände?

werden in den Gemeinden und Erholungsgebieten auf Tafeln öffentlich kenntlich gemacht, sie sind aber auch im Internet abrufbar. Schon ab Waldbrandstufe „3" kann das Betreten der Wälder untersagt sein!

Die meisten Wald- und Moorbrände, nahezu 95 Prozent, werden in Deutschland von Menschen verschuldet. Einzige natürliche Ursachen sind hier Selbstentzündung und Blitzschlag. Vor allem durch unvorsichtigen Umgang mit offenem Feuer und durch Rauchen, aber auch durch Brandstiftung kommt es jährlich zu zahlreichen Waldbränden mit hohen Sachschäden. In Deutschland sind die brandenburgischen Wälder am meisten gefährdet. Ihre

FEUERÖKOLOGIE

Viele Pflanzen haben gelernt, das Feuer für sich zu nutzen. In manchen Gegenden der Erde braucht die Natur sogar die vom Menschen so gefürchteten Waldbrände. Mit diesen und den damit zusammenhängenden Problemen befassen sich die Feuerökologen. Sie haben festgestellt: Regelmäßige Waldbrände reinigen den Wald. Die Baumkronen bleiben vom Feuer verschont.

1) *Zwei Trupps an C-Rohren versuchen den Vollbrand einzudämmen.*

2) *Das Ausheben einer Schneise verhindert das Ausbreiten des Feuers. Sie muss völlig frei von brennbarem Material sein.*

3) *Mit Feuerpatschen werden Glutnester ausgeschlagen, die der Funkenschlag am Rande der Schneise entzündet hat.*

4) *Das Tanklöschfahrzeug hat eine Kapazität von 5 000 Litern.*

5) *Mit leichten D-Rohren werden Blattwerk und Wipfel benetzt, um die Entzündung zu erschweren.*

Erdfeuer oder Moorbrand

Bodenfeuer

Total- oder Vollfeuer

weitläufigen Kiefernbestände, der sandige Boden und die Trockenheit machen sie für Waldbrände äußerst anfällig.

Es gibt verschiedene Arten von Waldbränden: Erdfeuer, Boden- oder Lauffeuer, Wipfelfeuer und Vollfeuer. 75 Prozent aller Waldbrände sind Bodenbrände. Die schlimmsten Auswirkungen haben die Erdfeuer – Schwelbrände im Boden –, weil sie die Wurzeln der Bäume zerstören. Wipfelfeuer können sehr gefährlich werden. Sie überrollen bisweilen sogar die Löschmannschaften. Zur völligen Vernichtung der betroffenen Bestände führen die Voll- oder Totalfeuer. Sie entstehen aus Bodenbränden. Vollfeuer fressen sich mit einer Geschwindigkeit von einem Kilometer pro Stunde durch den Wald.

Wie werden Waldbrände bekämpft?

Waldbrände werden mit unterschiedlichen Mitteln bekämpft. Bei Großbränden versucht man, die Feuerwalze an einer Auffanglinie zu stoppen. Das kann eine Straße sein, ein Fluss oder ein breiter, grabenartig ausgehobener Isolierstreifen. Löschposten verhindern, dass das „aufgelaufene" Feuer auf die andere Seite des Riegels überspringen kann. Wo der Wald den Einsatz großer Tanklöschfahrzeuge nicht mehr zulässt, setzen viele Wehren kleine Waldbrandanhänger ein. Die zweirädrigen Hänger fassen 200 Liter Löschwasser. Um Bodenfeuer sofort ersticken zu können, sind die Feuerwehrangehörigen mit Schaufel und Spaten ausgerüstet. An Traktoren angehängte Waldpflüge versu-

Ein Bodenfeuer frisst sich durch den Wald ...

... und hinterlässt viel Asche, wenig Grün.

chen indessen, die Brandflächen einzugrenzen. Mögliche Löschmittel bei Waldbränden sind Wasser, Sand sowie Erde. Auf den Einsatz von Löschschaum wird immer mehr verzichtet, da der eiweißreiche Schaum die Natur zu sehr belastet.

Mitunter wird auch versucht, ein Gegenfeuer anzulegen. Weil es dem Wind entgegenlaufen muss, müssen die Feuerwehrleute den Luftsog des

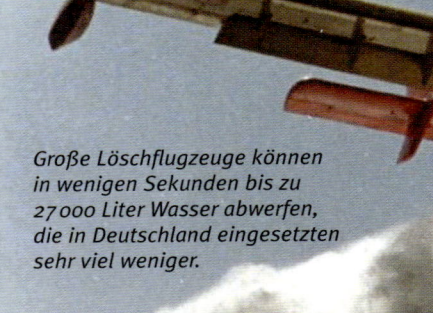

Große Löschflugzeuge können in wenigen Sekunden bis zu 27 000 Liter Wasser abwerfen, die in Deutschland eingesetzten sehr viel weniger.

Schnell wird der angehängte Wasserbehälter wieder aufgefüllt.

herankommenden Hauptfeuers abwarten. Dessen erhitzte Luft steigt auf, reißt das Gegenfeuer an sich heran und verbreitert auf diese Weise den Schutzstreifen. Die Entzündung eines Gegenfeuers setzt allerdings sehr viel Erfahrung und Geschick voraus. Wenn es die Zeit erlaubt, brennen die Feuerwehrleute lieber mit dem Wind einen schmalen Streifen Wald ab. Dieses Vorfeuer entzieht den anstürmenden Flammen die Nahrung.

Der Kampf gegen die Waldbrände wird am Boden gewonnen. Dennoch können Löschflugzeuge und -hubschrauber vor allem zur Eindämmung von Wipfelbränden,

Wann werden Löschflugzeuge eingesetzt?

bei normalen Flächenbränden und auch zur Bekämpfung von Glutnestern sehr hilfreich sein.

Jeder Brand verlangt eine eigene Strategie. Wipfelbrände bekämpfen die Piloten der einmotorigen Löschflugzeuge am erfolgreichsten im Sturzflug. Mit 250 Kilometern pro Stunde jagen dann mehrere Tiefdecker zugleich oder unmittelbar nacheinander auf den Brandherd zu. In Sekundenschnelle werden die jeweils 1 500 bis 2 000 Liter Wasser abgeworfen. Das Hochziehen nach dem Sturzflug bereitet den Piloten keine Probleme, denn die Maschine hat mit dem Löschwasser die Hälfte ihres Gewichts verloren.

Bei Flächenbränden wird das Löschwasser aus dem Horizontalflug abgeworfen. Dabei fliegen die Piloten manchmal nur zehn Meter über dem Boden. Sie steuern nie direkt in die Flammen, sondern immer nur seitlich heran, um das Feuer an der weiteren Ausbreitung zu hindern. Im Zentrum des Brandes würde das Wasser verdampfen, bevor es den Boden erreicht hat.

Glutnester und Entstehungsbrände können wirkungsvoll vor allem mit Hubschraubern bekämpft werden. Die angehängten Wasserbehälter fassen 600 bis 5 000 Liter Wasser –

je nach Hubschraubergröße. Der 5000-Liter-Behälter aus Kunststoff erzeugt eine Löschwasserglocke. Die Abwurfzeit beträgt drei Sekunden, die Füllzeit zehn Sekunden! Voraussetzung für erfolgreiches Löschen ist eine Schöpfmöglichkeit in der Nähe des Brandes.

FIRE MONITORING

An der Universität Freiburg arbeitet ein „Global Fire Monitoring Center", eine weltweit einmalige Feuerüberwachungszentrale. Ihre Mitarbeiter haben die Aufgabe, sämtliche Feuerkatastrophen der Erde zu erfassen, zu beobachten und die Daten zu veröffentlichen. Außerdem betreiben sie Waldbrandvorbeugung, und sie untersuchen den Einfluss der Brände auf die Wälder. Im Fire Monitoring entsteht täglich eine Welt-Feuerwetterkarte.

Wie arbeiten Feuerwachtürme?

Ein ausgebrochenes Feuer sollte möglichst früh entdeckt und möglichst noch im Anfangsstadium bekämpft werden. Viele Fachleute wünschen sich daher die so genannte „bewaffnete Aufklärung": Ein Agrarflugzeug mit Löschwasser an Bord kreist in der gefährlichen Zeit ständig über den Wäldern. Aber das ist teuer und nicht immer möglich.

Deshalb gibt es in zahlreichen Wäldern Feuerwachtürme. Allein im Bundesland Brandenburg mit seinen gefährdeten großen Kiefernwäldern stehen über 130. Sie sind im Drei-

Wo ist der Brand? Arbeit an der Peilscheibe auf einem Feuerwachturm in Brandenburg.

eckverband angeordnet und nicht weiter als 15 Kilometer voneinander entfernt. Die Feuerwächter auf den Türmen sind mit Fernrohr, Peilscheibe und Funkgerät ausgestattet. Ab Waldbrandstufe „1" beziehen sie ihren Posten.

Der Zukunft allerdings gehört das in Deutschland entwickelte automatische Waldbrand-Früherkennungs-System (AWFS). Es besteht aus Videokameras, die auf erhöhten Stellen dreh- und neigbar montiert sind, sowie jeweils einem PC zur Steuerung der Anlage und der Online-Auswertung von aufgenommenen Bildern. Im Alarmfall – die Kameras erkennen Rauch und identifizieren den Brand – überträgt eine ISDN-Leitung die im Wald gesammelten Daten in die fernab gelegene Leitstelle. Die Digitalkameras rotieren ständig auf ihren drehbaren Plattformen. Sie erkennen in einem Radius von zehn Kilometern alle Rauchwolken ab einer Ausdehnung von zehn Metern.

SATELLITENBEOBACHTUNG

Den besten Überblick über Waldbrand gefährdete Gebiete hat man aus dem Weltall. Daten bislang unerreichter Qualität liefert der speziell für die Beobachtung von Bränden und Vulkanausbrüchen konstruierte Kleinsatellit „Bird", den das Deutsche Zentrum für Luft und Raumfahrt (DLR) 2001 in eine Umlaufbahn von 450 Kilometern Höhe geschossen hat. Der Name „Bird" steht für „Bi-Spectral InfraRed Detection": Zwei Sensoren messen Infrarotstrahlung unterschiedlicher Wellenlängen. Durch Verrechnung der beiden Informationen wird eine sehr hohe Auflösung erreicht. Während ein von der NASA nach den heftigen Waldbränden des Jahres 2000 entwickeltes Beobachtungssystem lediglich erkennen lässt, dass es innerhalb eines bestimmten Quadratkilometers brennt, weiß „Bird": Das Feuer, das da brennt, hat einen Durchmesser von ca. 50 Metern. Er liefert sogar Daten darüber, welche Hitze das Feuer entwickelt. Der weltweit erste Satellit für Feuererkundung ist bisher leider nur ein Prototyp.

Satellitenbild mehrerer Waldbrandherde im US-Staat Idaho.

Technische Hilfe und hilfreiche Technik

Chemikalien werden beseitigt.

Was sind Technische Hilfeleistungen?

Am allerwenigsten rückt die Feuerwehr aus, um Brände zu löschen. Ihr Notruf 112 wird immer öfter mit der Bitte um Technische Hilfeleistungen gewählt. Dieser Sammelbegriff fasst die Tätigkeiten „Bergen" und „Schützen" des Feuerwehr-Wahlspruches „Retten – Löschen – Bergen – Schützen" zusammen. Beim „Schützen" steht der Schutz unserer stark belasteten Umwelt im Vordergrund, gemeint ist aber auch der Katastrophenschutz. Die Technischen Hilfeleistungen haben in den letzten Jahren derart zugenommen, dass die Bezeichnung „Feuerwehr" eigentlich schon gar nicht mehr zutreffend ist.

Technische Hilfen, wie man auch sagt, betreffen vor allem Unfälle im Straßenverkehr. Aber auch Unfälle mit Luft-, Schienen- und Wasserfahrzeugen, vermisste Personen, Hochbauunfälle, Wasserschäden, Sturmschäden, Unfälle mit Aufzügen und an Maschinen, Ölspuren auf Fahrbahnen, auslaufender Treibstoff aus Fahrzeugen, Überschwemmungen, Eisstau, das Freiwerden giftiger Stoffe, Tierbergungen und selbst Hilfen bei Insekten – wenn Bienen, Hornissen oder Wespen Menschen gefährden – gehören zu den Technischen Hilfeleistungen.

Hanglage, Schneefall und hereinbrechende Dunkelheit – schwierige Einsatzbedingungen:

1) Sicherung des Unfallwagens vor dem Abrutschen durch den Feuerwehrkran.

2) Aufbocken des Fahrzeugs mit Vierkanthölzern zur Sicherung vor Erschütterungen.

3) Durchtrennen des Holms zum Abheben des Daches.

4) Die Fahrertür klemmt. Mit dem Spreizer wird versucht zum Fahrer vorzudringen.

5) Hydraulikpumpe zum Betrieb von Schere und Spreizer. Sie wird über ein Stromaggregat im Rüstwagen betrieben.

6) Sicherung der Arbeiten mit dem Feuerlöscher, falls Funken zur Zündung führen.

7) Notarzt bei der Erstversorgung des Verletzten.

Umgestürzte Bäume nach Unwetter.

Abstreuen einer Ölspur.

Abpumpen bei Überschwemmungen.

„Raupenalarm" im Schwimmbad.

Unentbehrlich bei Unfällen:
Rettungsschere und -spreizer.

Was sind Rettungsschere und -spreizer?

Um bei Verkehrsunfällen in ihrem Fahrzeug eingeklemmte Personen zu befreien, muss die Feuerwehr häufig Autodächer öffnen, Fahrzeugtüren auseinander drücken oder sperrige Wrackteile wegbiegen. Das gelingt mit dem Spreizer, einem hydraulischen Rettungsgerät zum Spreizen, Ziehen, Quetschen, Heben und Drücken vor allem von Fahrzeugteilen. Seine beiden Hebelarme werden durch die Kraft eines Hydraulikzylinders gespreizt oder zusammengeführt. Große Spreizer haben eine Spreizkraft von 20 Tonnen.

Die Rettungsschere ist dagegen ein Schneidegerät. Mit ihr lassen sich mühelos Türpfosten, Dachholme und andere Fahrzeugteile durchtrennen. In fünf Minuten kann auf diese Weise ein Auto in ein Cabrio verwandelt werden.

Scheren haben häufig eine Schneidkraft von 7,5 Tonnen. Spreizer und Schere erfordern wie alle hydraulischen Geräte den Einsatz einer Hydraulikpumpe, die in der Regel über einen Stromerzeuger im Fahrzeug betrieben wird. Die hydraulischen Geräte arbeiten dabei nahezu erschütterungsfrei. Auch ist bei ihnen keine Brandgefahr durch Funkenflug zu befürchten.

Spreizer und Schere werden in den meisten Löschfahrzeugen, auf jeden Fall aber im Rüstwagen mitgeführt. Dieses Spezialfahrzeug wird ausschließlich zur Technischen Hilfeleistung eingesetzt.

RÜSTWAGEN (RW)

Die Ausstattung des Rüstwagens spiegelt das umfangreiche Aufgabenspektrum der Technischen Hilfeleistung wider. Er gleicht einer kleinen, rollenden Schlosserwerkstatt. RWs verfügen über Schweißgeräte, festeingebaute Zugeinrichtungen und Generatoren mit angebauten Lichtmasten. Die Besatzung besteht in der Regel aus zwei Feuerwehrleuten. Oft unterstützt ein Feuerwehrkran die Rüstwagen, wenn umgestürzte Bäume beseitigt oder Lastwagen aufgerichtet werden müssen.

Wie funktioniert eine Drehleiter?

Das vielseitigste und bekannteste Feuerwehrgerät ist die Drehleiter. Drehleitern sind oft der letzte Fluchtweg für die von Rauch und Feuer Eingeschlossenen. In der Brandbekämpfung dienen sie als „Wasserturm" und auch die Technische Hilfeleistung kommt ohne sie nicht aus.

Ein fünf Stockwerke hohes Gerüst ist von einer Hauswand abgeklappt. Gefährlich pendelt es im Sturm hin und her. Schnell wird die alarmierte Dreißig-Meter-Drehleiter in Stellung gebracht. Stufenlos fährt der Maschinist die vier Leiterteile auseinander. Bei 20 Metern Höhe greift er an einen Schalthebel: Drehen, dann Aufrichten und Neigen. Vorsichtig legt er die Leiterspitze an einem Sims ab. Die Männer steigen nach oben und sichern das Gerüst, dann treten sie den Rückweg an. Lautlos gleitet die Leiter wieder nach unten, schiebt sich zusammen und wird auf dem Fahrzeug abgelegt.

Eine Drehleiter ist ein Wunderwerk der Mechanik. Zahlreiche Standsicherungen und eine eingebaute Waage machen ein Überkippen im ausgefahrenen Zustand normalerweise unmöglich. Sämtliche Leiterbewegungen sind dreifach abgesichert: hydraulisch, mechanisch und elektrisch. Überlastungen werden sofort durch ein Läutewerk und das Aufblinken einer Warnlampe angezeigt.

Immer beliebter werden Gelenkleitern, die sich durch das abknickende Leiterelement an der Spitze sehr vielseitig einsetzen lassen. Andere Drehleitern haben einen Kranaufsatz; der eingefahrene Leiterpark dient dann als Kranausleger. Solche Drehleitern machen bei Verkehrsunfällen das Nachrücken eines großen Rüstkranwagens oftmals überflüssig.

DREHLEITERN unterscheiden sich in Drehleitern ohne Rettungskorb (DL) und Drehleitern mit Rettungskorb (DLK). Auf diese Bezeichnungen folgen vier Zahlen. Sie geben über die Nennrettungshöhe und die Nennausladung Auskunft. So bedeutet z. B. DL 23-12 eine Drehleiter ohne Rettungskorb mit einer Rettungshöhe von 23 m (reicht bis ins 7. Obergeschoss) und einer Ausladung von 12 m. Computergesteuerte Drehleitern erkennt man an dem Kürzel CC (Computer-controlled).

Teleskopmast mit Korb (TM)

Drehleiter mit Korb (DLK)

Gelenkmast mit Korb (GM)

Ein von einer Drehleiter vorgetragener Löschangriff auf einen brennenden Dachstuhl.

FEUERWEHRKRÄNE kommen nicht nur zum Einsatz, wenn verunglückte Lastzüge aus dem Straßengraben gehoben werden müssen. Auch das Beseitigen umgestürzter Bäume und Einsätze bei der Rettung von Menschen und Tieren gehören zum Aufgabengebiet der Kräne. Große Feuerwehrkräne können bis zu 50 Tonnen bewegen. Sie haben vier Achsen, von denen drei angetrieben sind. Die Besatzung eines Feuerwehrkrans besteht aus einem Trupp.

Höhenretter der Feuerwehr bei einem Einsatz in schwindelnder Höhe.

Wann wird die Höhenrettung eingesetzt?

Überall dort, wo die Grenzen der herkömmlichen Einsatztechnik wie Feuerwehrleinen oder Drehleitern erreicht sind, kommt die Höhenrettungsgruppe (HöRG) der Feuerwehr zum Einsatz. Auch bei Arbeiten in großen Höhen, die einer besonderen Absicherung bedürfen, sind diese Spezialisten gefragt. Das kann bei Unfällen auf Baukränen oder Baugerüsten und bei Arbeiten auf Dächern der Fall sein. Zu den Aufgaben der Höhenretter gehört aber auch das Bergen in Bäumen notgelandeter oder abgestürzter Drachenflieger sowie die Rettung von Personen aus Schächten, Brunnen oder Gruben.

Bedeutsam ist die HöRG auch für den Rettungsdienst. So ist es manchmal gar nicht oder nur sehr schlecht möglich, einen Notfallpatienten aus oberen Stockwerken liegend durch das Treppenhaus zu transportieren. Kann die Drehleiter nicht eingesetzt werden, wird die Höhenrettung gerufen. Oft gelingt es ihr, den Notfallpatienten liegend entlang der Hausfassade oder mittels Schrägseil, zum Beispiel über ein Vordach hinweg, und unter ständiger Begleitung abzuseilen.

Die Ausrüstung der Höhenrettung kommt aus dem Bergsport, der Höhenarbeit und aus feuerwehreigenen Geräten. Können diese durch einen Sturz belastet werden, müssen sie eine Mindestbruchkraft von 2000 Kilogramm aufweisen. Höhenretter sind mit Brust- und Sitzgurtkombinationen ausgerüstet. Zusätzlich schützen sie Plastikhelme gegen Steinschlag und Bergsteiger-Handschuhe vor Fingerverletzungen. Nicht nur große, auch immer mehr kleinere Feuerwehren richten heute Höhenrettungsgruppen ein.

SPRUNGPOLSTER

Früher wurde das Sprungtuch eingesetzt, wenn die Höhen der Drehleitern nicht mehr ausreichten. Dies war jedoch für die springende Person wie für die meist 16 haltenden Feuerwehrleute gefährlich. Heute kommt daher das Sprungpolster zum Einsatz. Innerhalb weniger Sekunden wird es mit einer Pressluftflasche aufgerichtet und kann von zwei Mann zum Einsatzort getragen werden. Weil beim Aufprall die Luft augenblicklich durch seitliche Schlitze entweicht, wird ein Trampolineffekt verhindert und der Aufprall gemildert. Die maximale Rettungshöhe beträgt 16 Meter.

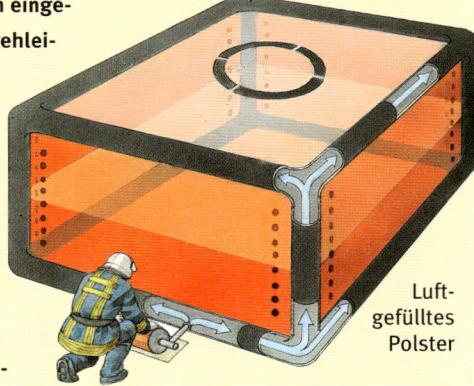

Luft-gefülltes Polster

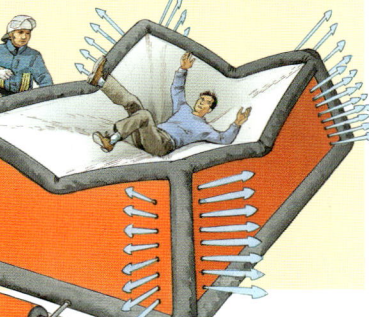

Beim Aufprall entweicht Luft.

Wie werden Ölverschmutzungen bekämpft?

Unfälle mit auslaufendem Öl können gefährliche Folgen haben. Die Feuerwehr bekämpft sie mit Sonderfahrzeugen. Das sind der Ölschaden-Rüstwagen (RW-Öl), der Ölschaden-Gerätewagen (GW-Öl) und der Abrollbehälter Umweltschutz (AB-U). Abrollbehälter werden auf ein Trägerfahrzeug zur Beförderung aufgesetzt und an der Einsatzstelle abgelassen. Der AB-U ist der am umfangreichsten beladene Abrollbehälter der Feuerwehr. Er enthält alle Geräte und Materialien, die bei einem Chemie- oder Ölunfall benötigt werden – vom Holzstopfen über Dichtkissen bis hin zu Pumpen, chemikalienbeständigen Schläuchen und Auffangbehältern. Viele Geräte bestehen aus nicht funkenreißendem Material.

Der Ölschaden-Rüstwagen verfügt über ein Schlauchboot zum Ausbringen von Ölsperren. Die Ölsperre ist ein schwimmendes, 60 bis 70 Zentimeter hohes Band. Es

Gefahrgut-Einsatz in Chemikalien-Schutzanzügen.

taucht etwa zur Hälfte ins Wasser und verhindert, dass das an der Oberfläche schwimmende Öl sich ausbreitet. Ist das Wasser sehr verunreinigt, wird der Bandskimmer eingesetzt, ein schwimmendes Gerät, das das Öl durch ein schräges Förderband unter die Wasseroberfläche zieht und in einem Raum dahinter sammelt. Über eine Pumpe gelangt es in einen Tank. Der Bandskimmer wird mittels zweier als Trichter dienender Ölsperren von zwei Booten über das Wasser gezogen. Er kann stündlich bis zu 2,2 Kubikmeter Öl abschöpfen.

Was können Feuerwehrtaucher?

Tauwetter hat das Eis auf dem See immer dünner werden lassen. Nun ist ein Kind eingebrochen. Verzweifelt versucht es, wieder auf das Eis zu gelangen. Die Feuerwehr setzt zur Rettung den Rettungsschlitten ein, eine Art schwimmfähigen Schlitten, mit dem sich die Män-

UMWELTSCHUTZ

Grundsätzlich dienen alle Einsätze der Feuerwehr auch dem Umweltschutz. Dabei ist es unerheblich, ob es sich um Brände, Unfälle, bei denen Schadstoffe austreten, oder andere Schadenssituationen handelt. Zu den Aufgaben der Feuerwehr im Bereich Umwelt-

schutz gehören Gefahrguteinsätze, Ölwehreinsätze zu Lande und zu Wasser sowie Einsätze nach Freiwerden von umweltgefährdenden Stoffen. Nicht selten muss die Feuerwehr Wasserproben von verschmutzten Gewässern nehmen. Weil die Untersuchung oft schnell gehen muss, setzt die Feuerwehr Mannheim mobile Mess- und Analysegeräte ein. Damit lassen sich gasförmige, flüssige und feste Schadstoffe sammeln sowie Erd- und Wasserproben nehmen.

Die Ölsperre-Rollen mit den 75 Meter langen Sperren werden direkt vom Feuerwehr-Anhänger ins Wasser abgerollt.

Feuerwehrtaucher und Leinenmann können sich notfalls auch mit den Leinenzugzeichen verständigen. Einige der festgelegten Zeichen (X bedeutet: Leinenzug, - bedeutet: kurze Pause) vom Taucher an den Signalmann sind:

X	Ich bin in Not!
XXXX	Ich tauche auf!
XXXXX	Alles in Ordnung!
XX-XXX	Ich bleibe auf der Stelle!
XXX-XXX	Brauche Unterstützung!

Taucheinsatz aus dem Hubschrauber.

Mit dem Rettungsschlitten übers Eis.

Die Ausrüstung der Feuerwehrtaucher ist vielfältig:

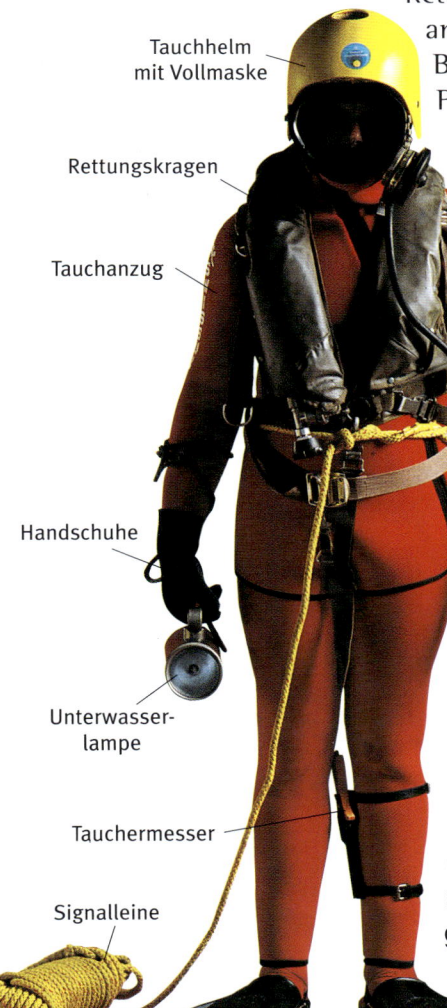

Tauchhelm mit Vollmaske

Rettungskragen

Tauchanzug

Handschuhe

Unterwasserlampe

Tauchermesser

Signalleine

Schwimmflossen

ner über die dünne Eisfläche bis zu dem Jungen vorarbeiten können. Ihre Kälteschutzanzüge bewahren sie vor Erfrierungen und sorgen auch im Wasser für ausreichend Auftrieb. An der Einbruchstelle ziehen die Retter das Kind mit dem Oberkörper auf den Schlitten und sichern es mit Gurten. Dann wird der Rettungsschlitten vom Ufer aus an Land gezogen.

Befindet sich die zu rettende Person schon unter dem Eis, werden die Feuerwehrtaucher alarmiert. Häufig muss ihr Einstiegsloch mit Motorsägen erweitert werden. Auf einer der ringsherum ausgelegten Leitern oder auf einer Rettungsplattform sitzt der „Leinenführer". Er sichert den Taucher und hält Kontakt mit ihm. Beim Eistauchen ist der Einsatz eines Taucherotelefons vorgeschrieben: Über ein Körperschallmikrofon empfängt der Signalmann ständig die Atemgeräusche des Tauchers, der jederzeit sprechen kann und sofort gehört wird. Das Telefonkabel

dient gleichzeitig als Sicherungsleine. Darüber hinaus muss bei Eiseinsätzen stets ein Reservetaucher voll ausgerüstet und tauchbereit zur Verfügung stehen.

Die Arbeit der Feuerwehrtaucher ist schwierig und mitunter auch gefährlich. Manchmal müssen sie sogar vom Hubschrauber aus einen Tauchgang vorbereiten oder bei Nacht einen Fluss nach einer vermissten Person absuchen.

TAUCHTURM

Die Tauchergruppen der Feuerwehr üben oft in Tauchtürmen. Das sind mit Wasser gefüllte Behälter aus Edelstahl. Manche erlauben Tauchtiefen von über zehn Metern, andere verfügen sogar über Druckkammern, in denen Tauchgänge bis zu 150 Meter Wassertiefe simuliert werden können. In großen Anlagen der Feuerwehr werden die Taucher mit realen Einsatzsituationen vertraut gemacht. Übungen mit Hebekissen und hydraulischem Gerät gehören ebenso dazu wie die Rettung eines Personen-Dummies aus einem Auto.

Wann wird die Tierrettung gerufen?

Nicht nur Menschen, auch Tiere haben ein Recht auf Hilfe in Notlagen. Dabei spielt es keine Rolle, ob das Tier so groß wie ein Pferd oder klein wie eine Katze ist.

Unter dem Einsatzstichwort „Pferd im Keller“ wird die Feuerwehr zu einem Bauernhof gerufen. Vermutlich vom Duft eines Sacks Möhren angezogen, hatte sich das Tier in der Nacht losgerissen und wollte die Stallungen durchqueren. Aber schon nach wenigen Metern stürzte es durch den mit Holzbohlen abgesicherten Kellerabgang. Erst am Morgen wurde das im zwei Meter tiefen, schmalen Kellergewölbe festhängende Pferd entdeckt. Die Feuerwehrmänner erweitern zunächst das Loch in der Kellerdecke, bringen einen Seilzug an der Stalldecke an und legen dem Tier Gurte um. Anderthalb Stunden nach ihrer Alarmierung gelingt es ihnen, das unglückliche Tier aus seinem Gefängnis zu heben. 25 Feuerwehrleute waren im Einsatz.

Die meisten Tierrettungen sind aber weniger aufwändig. Allerdings verlangen auch die raschen Hilfen viel Geschick, das richtige Gerät und nicht selten, beispielsweise wenn es um das Aufspüren und Einfangen von vermissten Schlangen geht, auch Mut. Am häufigsten muss die

Großeinsatz für die Feuerwehr: Ein steifes Bein lässt Elefantin Jopa nicht aus eigener Kraft aufstehen.

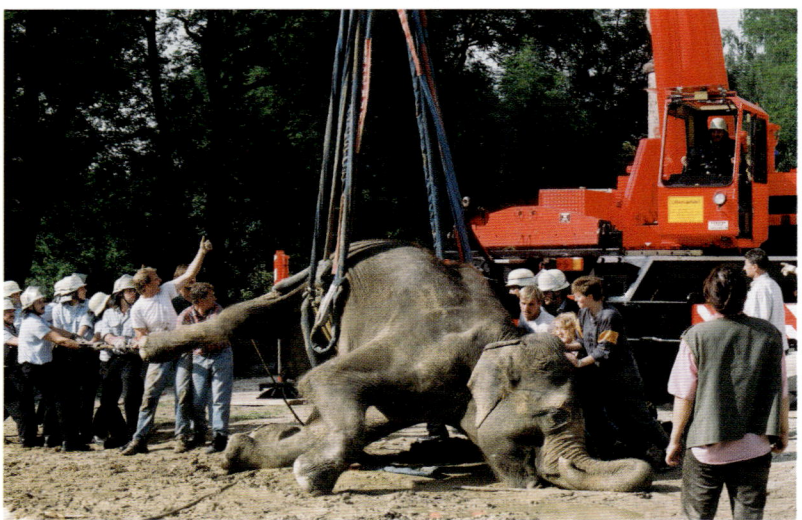

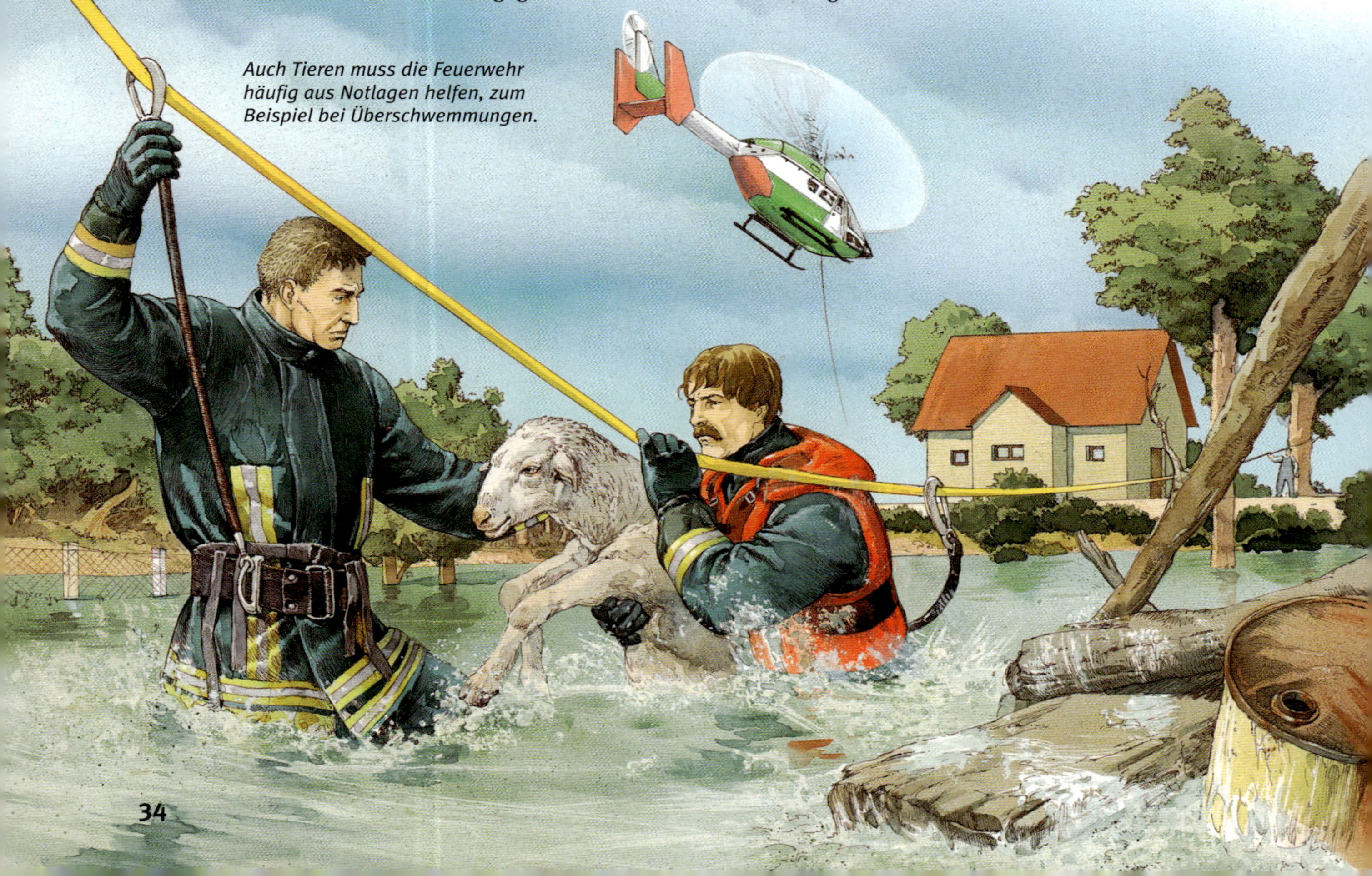

Auch Tieren muss die Feuerwehr häufig aus Notlagen helfen, zum Beispiel bei Überschwemmungen.

Mit einer Reptilienzange wird die wiedergefundene Schlange eingefangen.

KLEINE URSACHE …

Manchmal ist auch die Rettung kleiner Tiere mit großem Aufwand verbunden. Einer Katze, die sich mit ihrem Schwanz in der Halbachsmanschette eines Autos verfangen hatte, konnte selbst in einer mit einer Hebebühne ausgerüsteten Tankstelle nicht geholfen werden. Erst als die Feuerwehr mit einem Rüstfahrzeug und sieben Mann anrückte, gelang es, das Tier zu befreien. Mit 14 Mann und drei Fahrzeugen gar rückte die Feuerwehr an, um eine zwischen zwei eng nebeneinander stehenden Garagen eingeklemmte Katze zu befreien. Dies gelang erst, nachdem die Männer eine Garagenmauer von innen aufgestemmt hatten.

Die Feuerwehr löscht auch Durst – oder muss ein Kaninchen nach einem Brand wieder beleben (rechts).

RETTUNGSHUNDE

Auch im Zeitalter der modernsten Technik kann oft niemand schneller Hilfe bringen als ein gut ausgebildeter Hund. Sein außergewöhnlicher Geruchssinn lässt ihn erfolgreich Vermisste und verschüttete Personen suchen und orten. Rettungshunde der Feuerwehr kommen gewöhnlich nach Explosionsunglücken, Erdbeben und schweren Verkehrsunfällen zum Einsatz. Die Ausbildung eines Rettungshundes dauert zwei Jahre. Dabei müssen die Hunde über Bohlen und wackeligen Untergrund laufen oder durch dunkle Gänge und Röhren kriechen. Finden sie eine Person, haben sie dies durch lautes Bellen anzuzeigen. Am schwierigsten ist die Trümmersuche, weil sich der Hund auf und in eingestürzten Gebäuden bewegen und selbstständig nach verschütteten Opfern suchen muss. Dabei darf er sich weder von Gerüchen, Rauch und Lärm noch durch die Geräte der Rettungsmannschaften ablenken lassen. Ideale Rettungshunde sind Rassen wie Schäferhund, Border Collie, Labrador oder Retriever.

Feuerwehr ausrücken, um Katzen zu helfen, die sich nicht mehr von einem Baum heruntertrauen, die im Kamin stecken geblieben oder zwischen einem gekippten Fenster und dessen Rahmen eingeklemmt sind. Auch Vögel, die sich im Stacheldraht eines Weidezauns verfangen haben, und im Eis festgefrorene Schwäne gehören zu den keineswegs ungewöhnlichen Feuerwehr-Einsätzen.

Manche Feuerwehren verfügen auch über einen Gerätewagen Tierrettung (GW-T). Das sind zweckmäßig umgebaute Kleintransporter, die die bislang verwendeten kleineren Anhänger ersetzen. Zur Ausstattung der Fahrzeuge gehören Käfige verschiedener Größen, Fangschlingen für Hunde, eine Katzen- und eine Reptilienzange, ein Betäubungsgewehr, eine Narkosepistole, Wespenausrüstung, bissfeste Hundeschutzkleidung, Pfefferspray sowie ein Blasrohr, um Schlangen und andere Reptilien aus einer sicheren Entfernung heraus bewegungseingeschränkt machen zu können.

Zu Wasser, zu Land und in der Luft

Mit gewaltigen Wasserfontänen bekämpfen Feuerlöschboote den Brand auf der „Queen Elizabeth".

Dramatisch sind Schiffsbrände, die sich weitab vom rettenden Hafen ereignen, denn auf See gibt es keine Feuerlöschboote. An Bord von Seeschiffen gelten daher besonders strenge Anti-Feuer-Vorschriften. Passagierschiffe müssen z. B. über Sprinkleranlagen verfügen, die sich automatisch einschalten, sobald ein Rauchmelder Alarm schlägt. Auch müssen sich bei Brandalarm die Stahltüren selbsttätig schließen, um die Ausbreitung des Feuers zu verhindern. Tanker und Fahrgastschiffe müssen einen ausgebildeten Brandbekämpfungstrupp an Bord haben, der aus geeigneten Besatzungsmitgliedern zusammengestellt wird. Auf einigen großen Passagierschiffen gehören sogar Berufsfeuerwehrleute zur Besatzung. Als Feuerschutzmeister kontrollieren sie auf regelmäßigen Runden Gefahrenpunkte.

Wie sind Löschboote ausgerüstet?

In allen deutschen Städten mit einem Seeschiff- oder großen Binnenhafen gibt es heute Feuerlöschboote. Sie sind nicht nur zum Löschen von Bränden auf Schiffen und bei ufernahen Gebäuden, sondern auch für zahlreiche andere Hilfeleistungen unentbehrlich. Die schwimmende Feuerwehr muss Tag und Nacht, bei Wind und Wetter, in kürzester Zeit zum Einsatzort gelangen können. Deshalb sind die robusten und gut manövrierfähigen Boote rund um die Uhr besetzt. Zur Brandbekämpfung verfügt das auf dem Rhein eingesetzte Feuerlöschboot „Frankfurt" beispielsweise über drei Wasser- und drei Schwerschaumkanonen. Mit ihnen können einmal 10 000 und zweimal 3 000 Liter Wasser pro Minute 90 bis 120 Meter weit geworfen und einmal

Turbolöscher zerstäuben Wasser zu feinen Tröpfchen und ersticken die Flammen in kürzester Zeit.

90 000 und zweimal 45 000 Liter Schwerschaum pro Minute erzeugt werden. Die Mittelschaumanlage mit 16 Schaumrohren ermöglicht in kurzer Zeit das Beschäumen eines ganzen Hafenbeckens.

Müssen Feuerlöschboote sehr nahe an einen Brand heranfahren, aktiviert der Schiffsführer die Selbstschutzanlage. Dann hüllen außen an der Bordwand angebrachte Düsen

Brodelt auf See verdächtiger Qualm aus dem Laderaumlüfter eines Schiffes, wird Feueralarm geschlagen. Dann dichtet man sämtliche Frischluftzugänge zu der betreffenden Luke luftdicht ab und bläst den Raum nach und nach voll Kohlensäure. Das Feuer wird auf diese Weise so weit gedrosselt, dass das Schiff noch den nächsten Hafen erreichen kann.

US-Feuerlöschboot

das Schiff in einen Wassernebel. Manche Boote wie die „Frankfurt" lassen sich sogar luftdicht verschließen. So wird die Besatzung vor gefährlichen Gasen und Dämpfen geschützt.

Ein besonderes Problem haben die in Seehäfen stationierten Löschboote mit den stark angewachsenen Deckshöhen moderner Seeschiffe. Deshalb verfügen wenigstens die neueren Boote über hydraulische Drehleitern mit eingebauten Löschwasserleitungen und einem Arbeitskorb an der Spitze. Die größten Drehleitern können Bordhöhen von über 20 Metern überbrücken.

Tunnelbrände sind stets problematisch. Hitze, fehlende Rettungswege und schlechte Sicht, vor allem aber die starke Rauchentwicklung erschweren den Einsatzkräften den Zugang. Besonders gefährlich sind Brände in langen Tunneln. Hier können Temperaturen wie im Hochofen entstehen, die Be-

Wie gefährlich sind Tunnelbrände?

Das Löschfahrzeug für Tunnelbrände hat zwei Führerhäuser. Das erspart dem Maschinisten im Montblanc-Tunnel das Rückwärtsfahren.

tonwände platzen, und die giftigen Gase ziehen aus den kilometerlangen Röhren nur sehr schlecht ab. Die Hitze hält sich nach dem Löschen oder Ersticken des Brandes noch viele Stunden. Rettungseinsätze sind deshalb oft erst nach Tagen möglich.

Eine wirkungsvolle Waffe gegen Tunnelbrände ist der Turbolöscher. Das sind nicht mehr als zwei auf der Pritsche eines Lastkraftwagens schwenkbar montierte Flugzeugstrahltriebwerke, über denen sich zwei Wasserwerfer befinden. Der Abgasstrom der Strahltriebwerke reißt das Wasser, den Löschschaum

HLF SCHIENE

Manchmal rollen Feuerwehrfahrzeuge auch auf Schienen zu ihrem Einsatzort. Das sind die so genannten Hilfeleistungs-Löschfahrzeuge Schiene (HLF). Sie können sowohl auf der Straße als auch auf den Gleisanlagen der Bahn eingesetzt werden. Vor allem Feuerwehren, in deren Einsatzbereich sich ältere Tunnelanlagen ohne ausreichende Sicherheitsvorkehrungen und mit einer Länge von über 1000 Meter befinden, sind mit den HLF Schiene ausgerüstet. Das Aufgleisen der Zwei-Wege-Fahrzeuge erfolgt an extra dafür eingerichteten Eingleisstellen. Zunächst fährt der Maschinist das Fahrzeug über die Gleise, anschließend senkt ein Besatzungsmitglied per Fernbedienung erst das hintere, dann das vordere Gleisspurführungselement auf die Schienen. Dabei wird das Fahrzeug um 30 Zentimeter angehoben. Am Einsatzort können mehrere Rollwagen mit verschiedenen Ausrüstungsgegenständen für die Brandbekämpfung oder Technische Hilfeleistung über eine Rampe direkt aus dem Heck auf die Schienen gerollt werden.

oder das Löschpulver 130 Meter weit mit. Die 2 500 Liter Treibstoff im Tank reichen aus, um die beiden Turbinen eine Stunde lang arbeiten zu lassen. Dabei zerstäuben sie fast eine halbe Million Liter Wasser. Die feinen Wassertröpfchen ersticken die Flammen in kürzester Zeit.

Ein weiterer Versuch, Tunnelbränden den Schrecken zu nehmen, ist der in Italien entwickelte „ferngesteuerte Feuerwehrmann" – ein Lösch-Roboter, der an einer Schiene an der Tunneldecke ungehindert zum Brandherd vordringt und das Feuer bekämpft. Eine neben der Fahrschiene installierte Wasserleitung ermöglicht es ihm, mit gezieltem Strahl bis zu 3 000 Liter Löschmittel in der Minute zu versprühen. Der fünf Meter lange Roboter wird von einer Zentrale außerhalb des Tunnels gesteuert.

Mit über 100 Stundenkilometern jagt der „Panther" zum Unglücksort.

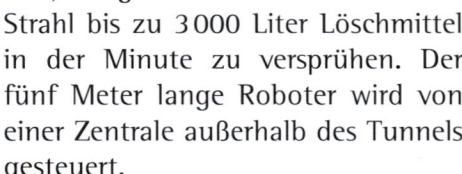

Wie löscht man Flugzeugbrände?

Feuer an Bord eines Flugzeugs gehört mit zum Schlimmsten, was es an Luftfahrtzwischenfällen geben kann. Besonders gefürchtet sind die heimtückischen Schwelbrände in der Bordelektrik. Meist ist ihr Herd nicht eindeutig erkennbar, und die Isolierungen der weit über 150 Kilometer langen Kabelstränge halten großer Hitze nur selten stand. Dabei beginnt das Unglück oftmals scheinbar harmlos: Erst riecht es nur ein bisschen nach Rauch. Schnell wird dieser aber so dicht, dass die Pi-

loten ihre Instrumente nicht mehr erkennen können. Dann ist es häufig aber auch schon zu spät. Das Flugzeug lässt sich nicht mehr fliegen.

Leider können die bordeigenen Rauchmelder einen Schwelbrand nicht signalisieren, da dieser viel zu wenig Rauch und Hitze entwickelt. Bemerken die Piloten schließlich den Rauch, betätigen sie einen so genannten Rauchschalter. Mit ihm können die Hauptstromkreise des Flugzeugs ab- und wieder angeschaltet werden. Das soll den Brandherd isolieren. Offene Feuer, die in den Triebwerken ausbrechen, lassen sich dagegen über fest installierte Leitungen mit dem Löschgas Halon bekämpfen. Wenn es in der Passagierkabine, in der Bordküche oder in der Toilette brennt, helfen oftmals Handfeuerlöscher. Auf solche und ähnliche Situationen werden die Besatzungen in regelmäßig abgehaltenen Notfallübungen gründlich vorbereitet.

Feuer an Bord kann die unterschiedlichsten Ursachen haben: Kurzschlüsse, Kabelbrüche, manchmal aber auch das Fehlverhalten von Passagieren. Die schnellstmögliche Umkehr zum nächsten Flughafen ist häufig die vernünftigste Entscheidung der Piloten.

SCHNELLE „PANTHER"

Damit die gewaltigen, bis zu 45 Tonnen schweren Löschfahrzeuge der Airports schnellstens möglichst große Mengen von Löschmitteln an Ort und Stelle bringen können, werden sie von 1 250 PS starken Motoren angetrieben. Einige Feuerlöschfahrzeuge, wie die FLF vom Typ „Panther", erreichen bis zu 138 Stundenkilometer. Sie können 12 000 Liter Wasser, 1 500 Liter Schaummittel und 500 Kilogramm Pulver mit sich führen.

Der Hitzeschutzanzug schützt vor großer Strahlungshitze.

Der Einsatz am verunglückten Flugzeug muss blitzschnell ablaufen.

Wie arbeitet die Flughafenfeuerwehr?

Auf jedem Verkehrsflughafen der Welt befindet sich eine Feuerwache in ständiger Alarmbereitschaft – in Colombo ebenso wie in Nürnberg oder Frankfurt/Main. Immer wieder üben die Feuerwehrleute, was im Ernstfall ein Wettlauf gegen die Zeit wird: Rettungsarbeiten bei gleichzeitigem Löscheinsatz.

Versagt einem Flugzeug beim Landeanflug der Mechanismus zum Ausbringen des Fahrgestells, wird Großalarm ausgelöst. Während die Maschine vor ihrer Bauchlandung Kerosin ablässt, stellen sich die Löschfahrzeuge und alle anderen Einsatz- und Rettungswagen auf. Kurz vor dem Aufsetzen der Maschine jagen die Löschfahrzeuge dem Flugzeug bereits hinterher. Ist die Unglücksmaschine gelandet, beginnt der Einsatz mit einem Trockenlösch-Schnellangriff. Danach wird eine keilförmige Rettungsschneise geschlagen: Während das erste Löschfahrzeug den entstandenen Flächenbrand von Kanzel und Kabineneingang wegdrückt, bedeckt das zweite die Brandfläche mit Schaum. Gleichzeitig sichert es die vorn in der Schneise befindlichen Rohrführer und Rettungsmannschaften. Das dritte Fahrzeug schließlich erweitert die Schneise und bekämpft den vielleicht noch nicht vollständig unter Kontrolle gebrachten Flächen-

Einsatzübung an einer brennenden Flugzeugattrappe mit Puppen.

brand. Während der Rettungsaktion müssen alle Löschfahrzeuge den Flugzeugrumpf mit Wasser kühlen.

Innerhalb von nur drei Minuten nach ihrer Alarmierung muss die Airportfeuerwehr jeden Punkt des Start- und Landebahnsystems erreichen können – in Frankfurt/Main gewährleisten dies etwa 40 Fahrzeuge.

Feuerwehr international

Amerikanische Firemen vor flammenden „Stars and Stripes".

Feuerwehrmann ausstaffierter Dalmatinerhund. Ihn kennt in Amerika jedes Kind. „Sparky" ist das Wappentier der „National Fire Protection Association" (NFPA), der größten Brandschutzorganisation der Welt. Sie klärt die Öffentlichkeit vor allem über Feuergefahren und Brandschutzprobleme auf. Immerhin werden in den USA, einem Land mit außerordentlich vielen Holzhäusern, jährlich 2,5 Millionen Brände registriert. Alle 75 Sekunden, so hat die NPFA ermittelt, wird in den Vereinigten Staaten und Kanada die Feuerwehr zu einem Brand im Privatbereich gerufen, und alle drei Stunden fällt in diesen beiden Ländern ein Mensch einem Brand zum Opfer. Allein das Fire Department New York (F.D.N.Y.), mit weit über 200 Feuerwachen die nach Tokio größte Feuerwehr der Welt, hat jährlich über 350 000 Einsätze zu bewältigen – an manchen Tagen sind es bis zu 3 000.

Die alljährliche Brandschutzwoche sowie der „Firemen's Memorial Sunday" im Juni, der an die im Dienst tödlich verunglückten Feuerwehrleute erinnert, finden stets unter großer Anteilnahme der Bevölkerung statt.

Jedes Jahr, immer um den 9. Oktober herum, findet in den USA die „Fire Prevention Week" statt, die Brandschutzwoche. Sie hat ihre Wurzeln im verheerenden Brand von Chicago, der am 8. Oktober 1871 begann und 27 Stunden andauerte. Er forderte über 250 Todesopfer, zerstörte 17400 Gebäude und machte 100 000 Menschen obdachlos. Der Legende nach hat ihn eine Frau beim Melken ihrer Kuh ausgelöst: Das Tier stieß die Stalllaterne um, die Scheune ging in Flammen auf, und das Unglück nahm seinen Lauf.

Eigentlicher Held der Brandschutzwoche ist „Sparky", ein als

Welche ist die größte Brandschutzorganisation der Welt?

HARTER TEST

Aus dem Einstellungstest der New Yorker Feuerwehr:

● Ziehen eines 29 kg schweren, 17 m langen, ausgerollten Schlauches über 50 m Wegstrecke.

● Ziehen eines 18 kg schweren Schlauchs per Fangleine vom Boden durch ein Fenster in die dritte Etage.

● Schleppen eines 1,65 m großen und 73 kg schweren Personen-Dummies über eine 15-Meter-Strecke.

Diese drei und acht weitere ähnliche Aufgaben müssen in weniger als sieben Minuten erledigt sein. Dann hat der Anwärter den Test bestanden.

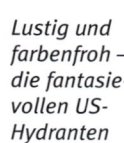

Lustig und farbenfroh – die fantasievollen US-Hydranten

FEUERSPRINGER

Im Sommer, wenn die riesigen Wälder Nordamerikas trocken wie Zunder sind, treten die 25 000 Firefighter der Forstfeuerwehr in ständige Alarmbereitschaft. 350 von ihnen haben eine ganz besondere Aufgabe. Es sind die Fallschirm-Feuerwehrleute, die „Smokejumper" (engl. für Rauchspringer). Schon kurz nach der Meldung irgendeiner verdächtigen Rauchbildung inmitten der Wildnis kreisen sie mit ihrer DC-3 über dem Brandherd, suchen eine geeignete Stelle und springen dann 700 Meter über dem Wald mit einem Fallschirm direkt ins Feuergebiet hinein. Ganz auf sich gestellt und fernab jeder Straßenverbindung, versucht das meist nur 16 Mann starke Team die Flammen zu ersticken, ehe sie sich zum alles vernichtenden Feuersturm entwickelt.

Zum Fallschirmabsprung über dem oft dichten und buchstäblich lückenlosen Hochwald gehören Mut und Geschick. Ein Wipfel gilt als idealer Landeplatz. Für das Abseilen führt jeder Smokejumper 50 Meter Rettungsleine in seinem Overall mit. Wer zwischen den Ästen landet, läuft Gefahr, kaum gebremst in die Tiefe zu stürzen. Neben Sturzhelmen tragen die Smokejumper Gesichtsschutz-

Feuerspringer auf dem Weg zur Arbeit.

körbe wie Eishockeyspieler. In ihrem 30 Kilogramm schweren Gepäck befindet sich auch ein Iglu aus Aluminium. Während sich das Feuer mit bis zu 870 Grad Celsius über das kleine Zelt hinwegwälzt, hält sich die Innentemperatur

bei gut 90 Grad. Das Notzelt hat schon Hunderten das Leben gerettet. Die mit Äxten, Kettensägen, Hacken und Schaufeln ausgerüsteten Rauchspringer kontrollieren Flammen, schlagen Sperrschneisen, werfen Gräben auf, schaufeln Erde auf die Glut und legen Gegenfeuer. Manchmal kämpfen sie auch um ihr Leben – dann, wenn das Feuer gleichsam explodiert und mit 100 Meter hohen Flammen über das Waldland rast. „Big Ernie" nennen die Smokejumper ehrfurchtsvoll solche lebensgefährlichen und unerwarteten Feuerattacken, die niemand beherrschen kann.

Das Abseilen vom Landebaum ist Routine.

Waghalsiger Absprung ins Feuer.

Das Alu-Iglu schützt vor dem Feuer.

Volle Konzentration vor dem Sprung.

BUSCHFEUER

Nur eine kurze Pause, dann geht der Kampf gegen die Flammen weiter.

Ein Gegenfeuer soll den Flammen die Nahrung nehmen.

Schwere Buschfeuer werden am Boden und aus der Luft bekämpft.

Australien ist der trockenste Kontinent der Erde. Buschfeuer gehören vor allem im Süden des Landes, in New South Wales, zum Alltag. Doch das, was sich Ende 2001/Anfang 2002 dort ereignete, war eine Katastrophe. Vermutlich entzündete ein Blitzschlag oder ein achtlos weggeworfenes Konservenglas, das wie ein Brennglas wirkte, ein Feuer. Weitere gesellten sich hinzu; schon bald waren es über 100. Im Gebirgszug der Blue Mountains nordwestlich von Sydney und in der Küstenzone südlich der Weltstadt fraßen sich die Flammen auf einer Länge von 2000 Kilometern vorwärts. Über 10 000 Feuerwehrleute aus dem ganzen Land kämpften gleichzeitig gegen den Feuersturm, den Hitze und kräftige Winde immer wieder anfachten. Endlich, nach 23 Tagen, beendeten starke Regenfälle die Buschfeuer. 650 000 Hektar Farmland und Wald verbrannten – das ist die Fläche von 650 000 Fußballfeldern. Die Brandkatastrophe verwüstete den zweitältesten Nationalpark der Welt, und Tausende Koalas und zahlreiche andere Tiere kamen in den Flammen um. Während der Feuerwelle nahm die Polizei 25 Brandstifter fest. Sie waren für den Großteil der über 100 Brandherde verantwortlich.

TOKIO – STADT DES FEUERS

Feuerwehrmänner aus Japan bei Stunts an Bambusstangen.

Tokio hat weltweit die größte Feuerwehr. 18 000 Berufsfeuerwehrleute in nahezu 300 Feuerwachen und 27 000 Freiwillige des Feuerwehrkorps sorgen sich um den Brandschutz der am dichtesten besiedelten Stadt der Welt. Über 14 600 Menschen leben hier auf nur einem Quadratkilometer – viele von ihnen, wegen der Erdbebengefahr, in leichten Holzhäusern. Die Brandgefahr ist also riesengroß. Noch in jüngster Vergangenheit musste die Feuerwehr der japanischen Hauptstadt täglich bis zu 60 Brände bekämpfen: Tokio galt – und gilt bei vielen Experten immer noch – als „Stadt des Feuers". Heute rückt die Tokioter Feuerwehr durchschnittlich 2 200-mal am Tage aus: zu Bränden, Rettungseinsätzen und Technischen Hilfeleistungen. Fast 1000 Fahrzeuge stehen ihr dafür zur Verfügung. Findet der Einsatz nachts statt, werden die Feuerwehrleute geweckt wie überall auf der Welt. Früher, als sie mit dem Kopf auf einer Bambusstange schlafen mussten, schlug der Wachtposten bei Alarm einfach mit dem Hammer auf das Stangenende.

MUSIKALISCH

In der Schweiz, einem Land mit nur 6,5 Millionen Einwohnern, gibt es erstaunlich viele Feuerwehrleute: über 200 000! Einige von ihnen sind außerordentlich musikalisch – beispielsweise die Kameraden des Löschzuges 1 der Feuerwehr Interlaken. In etlichen Liedern besingen sie das Geschehen rund um den Feuerwehrdienst. Das „Löschzugchörli" ging 1968 aus einer singenden Stammtischrunde hervor. Seit dieser Zeit ist es weit über 300-mal öffentlich aufgetreten. Gegen Ende der Siebziger Jahre begann das „Chörli" auch Schallplatten aufzunehmen – fünf LP's mit Erfolgstiteln wie „Füürio" oder „Mir si vo de Füürwehr" sind inzwi-schen entstanden. Auch an zahlreichen Fernsehproduktionen haben die 25 singenden und spielenden Feuerwehrmänner aus dem Berner Oberland mitgewirkt. Gastauftritte in Russland, Amerika und Spanien haben das „Chörli" auch international bekannt gemacht. In Boston umrahmten die „Singing Fire Fighters from Switzerland" sogar die Feierlichkeiten zum 100-jährigen Jubiläum des amerikanischen Feuerwehrverbandes.

Japanische Feuerwehrmänner im Einsatz nach einem Erdbeben in der Stadt Kobe.

WENDIG

In Stadtgebieten mit schmalen Straßen und unwegsamen Vororten setzt die Feuerwehr von Kairo ein ganz besonderes Löschfahrzeug ein: das All Terrain Vehicle (ATV). Es basiert auf einem vierrädrigen Honda Foreman-Motorrad und verfügt über eine Impulspistole, einen 50-Liter-Wassertank, eine Druckflasche und  einen 55 Meter langen Schlauch. Die Impulspistole verschießt einen 16 Meter langen und drei Meter breiten Wasserstrahl.

Wer schafft mehr? Schweizer Feuerwehrmänner beim Löschangriff-Rekordversuch.

SCHWINDEL ERREGEND

Bis 1969 hielten die Chinesen den „Höhenrekord" für Drehleitern. Dann entschieden sich auch die Russen für die in Deutschland gefertigte METZ-Drehleiter DL 60+2 – die höchste der Welt. Das siebenteilige und nahezu sechs Tonnen schwere Ungetüm kann innerhalb von 200 Sekunden auf die volle Höhe von 60 Metern ausgefahren werden. Angetrieben wird es vom 400 PS starken Fahrmotor der dreiachsigen Zugmaschine. Im ausgezogenen Zustand ist der Leitersatz durch Seile und Fallhaken gesichert. Eine automatische Überlastungssicherung blockiert die Bewegungen bei Überlastung und warnt durch optische und akustische Signale.

Mit Feuereifer bei der Sache: Die Fahrradfeuerwehr der Hoechst AG in Suzano (Brasilien).

Die französischen Marins-Pompiers (Feuerwehrtaucher) beim Training vor der Küste.

Beruf: Feuerwehrmann

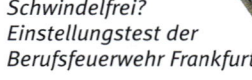

Wer zur Berufsfeuerwehr will, sollte wissen, worauf er sich einlässt: Stets schnell vor Ort sein und helfen, wo Not am Mann

Kann jeder Feuerwehrmann werden?

ist. Das ist alles andere als einfach, und deshalb gibt es hohe Hürden für Männer – und auch für Frauen –, die Berufsfeuerwehrleute werden wollen. Einstellungsvoraussetzungen sind der Hauptschulabschluss und eine geeignete handwerkliche Berufsausbildung – beispielsweise als Schlosser, Elektriker oder Kfz-Mechaniker. Wer diese Voraussetzungen erfüllt und zudem nicht älter als 28 Jahre ist, kann sich dem Einstellungstest stellen. Dieser besteht aus einem Diktat, einem Aufsatz, Aufgaben der Grundrechenarten, einem Gespräch sowie einem Sport- und einem Gesundheitstest.

Ist die Aufnahmeprüfung geschafft, beginnt die Ausbildung. Sie dauert zwei Jahre und gliedert sich in eine sechsmonatige Grundausbildung, einen dreimonatigen Lehrgang zum Rettungssanitäter, einen Maschinistenlehrgang und weitere Lehrgänge. Die Feuerwehranwärter lernen den Umgang mit Spezialfahrzeugen und Maschinen, mit gefährlichen Stoffen und natürlich mit allem, was mit Feuer und Personenrettung zusammenhängt. Am Ende der Ausbildung erfolgt die Prüfung zum Brandmeister. Wer

möchte und geeignet ist, kann sich auch für den gehobenen oder den höheren Dienst bewerben. Dann muss er noch einmal eine Zusatzausbildung absolvieren.

Die Ausbildung von Feuerwehrleuten dauert praktisch ein ganzes Berufsleben an. Technische Neuerungen sowie aktuelle Ergebnisse in der Forschung erfordern immer wieder die Einstellung auf neues Gerät und neue Herangehensweisen an die verschiedensten Einsätze. Zusätzlich müssen alle Handgriffe wie im Schlaf funktionieren, damit die Retter im Ernstfall nicht lebenswichtige Zeit verlieren.

Wie trainieren Feuerwehrleute?

Deshalb spielen Übungen im Berufsalltag der Feuerwehrleute eine so große Rolle. Trainiert wird unter anderem auf Lehrgängen, in Leis-

Schwindelfrei? Einstellungstest der Berufsfeuerwehr Frankfurt.

FEUERWEHRSPORT

Viele Feuerwehrleute treiben in ihrer Freizeit Sport: Feuerwehrsport. Sie trainieren für die verschiedensten Wettbewerbe. Beispielsweise treten die Wettkämpfer bei Feuerwehrjubiläen oder anderen festlichen Anlässen in der Disziplin „Löschangriff" gegeneinander an. Nicht wenige wollen sich sogar für internationale Wettkämpfe wie die Feuerwehrolympiade qualifizieren, die einmal jährlich ausgetragen wird.

Brandheiße Ausbildung: International Safety Center Rotterdam.

Übungen mit tragbaren Schiebe- oder Steckleitern gehören zum Alltag bei der Feuerwehr.

Der Schaum ist echt, der Unfall nicht: realitätsnahe Ausbildung in der Übungsanlage in Bruchsal.

FEUERWEHRFRAUEN

Die Mitarbeit in einem hauptsächlich männlich besetzten Team ist nicht immer ganz einfach. Wencke Rehse aus Rostock steht wie viele andere Frauen bei der Feuerwehr ihren Mann. Allein im Bundesland Bayern gibt es rund 14 000 Feuerwehrfrauen.

Die weitläufige Anlage von Bruchsal erlaubt Übungen aller Art, wie die Bergung eines Autos aus einem See.

tungsprüfungen und in der Atemschutz-Übungsstrecke. Hier muss jeder Feuerwehrmann regelmäßig sein Können erproben, um für erschwerte Einsatzbedingungen in Übung zu bleiben. Atemschutzstrecken unterteilen sich in Lauf- und Kriechstrecken, in einen Fitnessteil, manchmal auch in einen Industrieteil. Die oft übereinander liegenden, verwinkelten Räume können auf 30 bis 40 Grad Celsius erhitzt, verdunkelt und vernebelt werden. Viele Berufsfeuerwehren verfügen auch über Möglichkeiten, um Kletterübungen und sogar Tauchgänge abzuhalten.

Wenn Feuerwehrleute den Ernstfall fast so realistisch wie in der Wirklichkeit proben möchten, gehen sie in eine Brandsimulationsanlage. Die größte und modernste Deutschlands steht in Bruchsal bei Karlsruhe.

In dem Übungshaus, einem zweistöckigen Backsteingebäude, werden realistische Brände und Flammenbilder an Brandattrappen mit kurzfristigen Temperaturentwick-

> **Was geschieht in einem Übungshaus?**

lungen bis über 600 Grad Celsius simuliert. An verschiedenen Brandstellen können die unterschiedlichsten Situationen realitätsnah dargestellt werden – vom Kochtopfbrand bis zum alles vernichtenden Inferno. Ein Computer überwacht die Löschversuche der Angriffstrupps. Über Sensoren misst er ständig die Temperatur der Brandstelle und die Menge des verbrauchten Löschmittels. Löscht der Übende vorschriftsmäßig, schrumpft das Feuer und geht schließlich aus. Allerdings kann der Ausbilder im Leitstand die Flammen auch wieder auflodern lassen – etwa dann, wenn die Feuerwehrleute ihre Löschaktion nicht mit der vorgeschriebenen Suche nach Glutnestern abgeschlossen haben.

Obwohl die Brände kontrolliert ablaufen und die Flammen im brennenden Sofa aus Löchern in der stählernen Sitzfläche züngeln – die Gefahr einer Verbrennung besteht durchaus. Damit sie nicht zu groß wird, überwachen Kameras und Sensoren die gesamte Anlage. Wird diese zu heiß, fährt das System sofort herunter. Zusätzlich befinden sich überall Not-Aus-Schalter. Doch vorsichtig muss jeder selbst sein.

Jugendfeuerwehr

Wer später einmal mit einem Strahlrohr umgehen möchte, lernt schon bei der Jugendfeuerwehr, wie das funktioniert.

men. Das Einstiegsalter in die Jugendfeuerwehr ist unterschiedlich; oft beginnt es schon mit zehn, manchmal erst mit 14 oder 16 Jahren. Die Vollendung des 18. Lebensjahres beendet die Mitgliedschaft.

Neben dem Schwerpunkt „Feuerwehr" wird in den Jugendgruppen großer Wert auf Spaß und Freizeitgestaltung gelegt. Jedes Jahr finden zahlreiche Zeltlager statt, zu denen oft auch andere Jugendfeuerwehren eingeladen werden. Daneben gibt es Grillpartys, Schlauchbootfahrten, Fußballturniere, Kinobesuche oder Besichtigungen. Und es wird diese Frage beantwortet: Welche Jugendfeuerwehr hat die sportlichsten, schnellsten und schlauesten Mitglieder? Denn die Jugendgruppen treten regelmäßig in den Disziplinen Sport, Feuerwehrtechnik und Wissen gegeneinander an. Dabei gilt: Wichtig ist nicht der Einzelne, sondern die kameradschaftliche Zusammenarbeit in der Gruppe. In Deutschland gibt es über 16 000 Jugendfeuerwehren mit mehr als 250 000 Mitgliedern.

LAGERFEUERSTIMMUNG

In der freien Natur einen Hauch von Abenteuer spüren: das bieten die Zeltlagerfreizeiten bei der Jugendfeuerwehr. Hier kann man Feuer auch einmal anders erleben.

Nicht bedrohlich oder vernichtend, sondern als Wärmespender, der durchaus auch eine heimelige Stimmung aufkommen lassen kann.

Was macht die Jugendfeuerwehr?

Viele Mädchen und Jungen sind Feuer und Flamme, wenn sie ein Löschfahrzeug mit Blaulicht und Martinshorn durch die Straßen rasen sehen. Wer möchte, sollte einmal bei der Jugendfeuerwehr vorbeischauen, einer vielseitigen Jugendorganisation. Sie ist Bestandteil der Freiwilligen Feuerwehren. In den Jugendgruppen bereiten sich die Mädchen und Jungen spielerisch auf die Aufgaben im Löschdienst vor. Hier lernen sie vieles, was ein Feuerwehrmann wissen muss: Fahrzeug- und Gerätekunde, taktisches Verständnis, Grundlagen des Löschangriffs, Schläuche verlegen, Befehle erkennen, Erste Hilfe und Umweltschutz. Wer alles beherrscht, kann das Jugendleistungsabzeichen ablegen, später die Deutsche Jugendleistungsspange. Dann darf er auch schon Einsätze mitfahren und erste Aufgaben im Einsatzdienst übernehmen.

Wasser – hier einmal nicht zum Löschen, sondern um diese Frage zu beantworten: Wer hat die sportlichste Jugendfeuerwehr?

Wasser marsch! Jetzt zeigt sich, wer gut aufgepasst hat.

Alleine geht nichts – auch nicht das Kuppeln von Schläuchen.

Schnell, schneller, Feuerwehr-mann! Der Wettkampf beweist es.

Was ist die Jugend-flamme?

Eine Möglichkeit, sich in der Jugendfeuerwehr zu bewähren, ist der Erwerb von Abzeichen. Die Deutsche Jugendfeuerwehr vergibt an Jugendliche ab 15 Jahren die so genannte Leistungsspange. Jüngere können sich seit dem Jahr 2001 die „Jugendflamme", einen Ausbildungsnachweis in Form eines Abzeichens, verdienen.

Die Jugendflamme ist den Fähigkeiten und den Neigungen der Jugendlichen angepasst. Sie bezieht sich nicht nur auf den feuerwehrspezifischen Bereich, sondern fordert die jungen Feuerwehrler auch auf sportlichem und kulturellem Gebiet. Die Jugendflamme versteht sich als begleiten-

Schöner Lohn: Sieg und Pokal!

der Wettbewerb durch das ganze Jugendfeuerwehrleben – und das können immerhin acht Jahre sein.

Deshalb wird sie auch in drei verschiedene Stufen unterteilt: Stufe 1 nimmt der Jugendwart des Ortes ab. Wer sie erwerben möchte, sollte sich mit Notrufen auskennen, Knoten und Stiche beherrschen sowie sicher mit Feuerwehrschläuchen umgehen können. Stufe 2 und 3, die der Kreisjugendfeuerwehrwart abnimmt, verlangen sehr viel mehr: zum Beispiel Kenntnisse aus dem Bereich Fahrzeug- und Gerätekunde, den Aufbau eines Schaum-Löschangriffes oder die Lösung eines Erste-Hilfe-Einsatzes. Dazu kommen sportliche Aufgaben und kulturelle oder musikalische Leistungsnachweise.

FAHRRADFEUERWEHR

Eine besondere Attraktion bietet die Jugendfeuerwehr Altenbochum. Hier fährt man schon selbst mit Blaulicht und gellendem Martinshorn zu den verschiedensten Einsätzen – mit dem Fahrrad. Seit 1995 ist die Fahrradstaffel der Jugendfeuerwehr des Bochumer Stadtteils „einsatzbereit". Zwar sind Brände und Verkehrsunfälle stets nur simuliert, aber die Jugendlichen sind immer wieder gerne zu Vorführungen vor Publikum bereit. Die unterschiedlich ausgerüsteten Fahrräder bilden einen Löschzug, der sich sehen lassen kann. Für Blaulicht und Martinshorn auf dem Einsatzleitfahrzeug mussten ein Steuerpult, ein Kompressor und eine Autobatterie montiert werden. Das Fahrrad klingt genauso wie ein großes Löschfahrzeug! Zwei Funkgeräte ergänzen die Ausrüstung. Ein wenig Fahrgeschick erfordert das Lenken des Schlauch-Fahrrades, denn der Anhänger hat schweres Gerät geladen: Ein Standrohr, Hydrantenschlüssel und vier C-Schläuche sorgen dafür, dass der Schlauchtrupp seine Aufgabe als Wasserversorger erfüllen kann. Das Maschinisten-Fahrrad transportiert einen 15-Liter-Tank und einen D-Verteiler auf einer Vorrichtung am Gepäckträger. Aber auch die Ladung des Angriffstrupp-Fahrrades ist erstaunlich: Neben Feuerlöscher und Löschdecken befinden sich eine Notfalltasche und sogar Sauerstoff an Bord.

Glossar

Abrollbehälter Auf ein Trägerfahrzeug aufgesetzter Behälter mit Geräten und Materialien für unterschiedliche Einsatzzwecke. Die AB werden an der Einsatzstelle abgelassen und später wieder aufgenommen.

Alarmschreiben Vom Einsatzleitrechner der Feuerwache nach einer Alarmierung zusammengestellte Informationen für die ausrückenden Kräfte. Sie enthalten u. a. die Adresse des Einsatzortes, die Beschreibung der Anfahrt sowie Flucht- und Rettungswege.

Alarmstufen Das Ausmaß des Notfalls, zu dem sie gerufen wird, kennzeichnet die Feuerwehr mit verschiedenen Alarmstufen. Kleinbrände haben die Stufe 1, Katastrophen die Stufe 7.

Berufsfeuerwehr Öffentliche Feuerwehr, die aus hauptamtlich tätigen Einsatzkräften besteht. Berufsfeuerwehren gibt es in Städten ab 100 000 Einwohnern.

Drehleiter Schwenkbare, auf einem Fahrzeug montierte Leiter, die mit Handantrieb oder maschinell ausgefahren werden kann.

Druckschlauch In leerem Zustand faltbarer und rollbarer Schlauch aus Kunstfasern oder beschichtetem textilem Gewebe zum Fördern des Löschmittels.

Feuerbeschau Bei bestimmten Gebäuden in regelmäßigen Abständen durchgeführte Brandsicherheitsschau. Sie soll brandschutztechnische Mängel feststellen und beheben.

Feuerlöscher Meist tragbares, höchstens 20 kg schweres Feuerlöschgerät, das von Hand bedient werden kann. Es ist rot und hat eine weiße Beschriftung.

Feuerwache Gebäudekomplex, in dem Fahrzeuge, Geräte und die sonstige Ausstattung der Feuerwehr sowie Einsatzkräfte Tag und Nacht einsatzbereit zur Verfügung stehen.

Feuerwehrtechnisches Zentrum Von einem oder mehreren Landkreisen für die Feuerwehren ihres Bereiches geschaffene technische Einrichtung, u. a. für Schlauchpflege, Pumpenreparatur und Ersatzteillagerung.

Freiwillige Feuerwehr Das ist ebenso wie die Berufsfeuerwehr eine öffentliche Feuerwehr. Sie besteht aus ehrenamtlich tätigen Einsatzkräften. Freiwillige Helfer der Feuerwehr gibt es vor allem in den Dörfern, aber auch in vielen Städten.

Hydrant Anschlusseinrichtung zur Entnahme von Löschwasser aus der zentralen Wasserversorgung. Man unterscheidet oberirdisch angebrachte Überflurhydranten und die unterirdischen Unterflurhydranten.

Leitstelle Tag und Nacht besetzte Einrichtung zur Annahme von Notrufen sowie zum Alarmieren, Abstimmen und Lenken der Einsatzkräfte. Lenkt die Leitstelle auch die Kräfte des Rettungsdienstes, spricht man von einer Integrierten Leitstelle.

Löschschaum Ein Gemisch aus Wasser, Schaummittel und Luft zum Löschen von Bränden. Der Schaum soll mit seiner sehr großen Oberfläche und Ausdehnung das Feuer einhüllen und ersticken.

Löschzug Aus der Mannschaft und mehreren Fahrzeugen bestehende so genannte taktische Einheit der Feuerwehr. Zu einem Löschzug gehören gewöhnlich zwei Hilfeleistungslöschfahrzeuge und ein Drehleiterfahrzeug.

Rauchmelder Meist batteriebetriebene, an der Decke von Räumen angebrachte Melder, die einen Brand frühzeitig erkennen und sofort lauten Alarm geben. Rauchmelder schützen auch im Schlaf rechtzeitig vor der Brandgefahr.

Rüstwagen Feuerwehrfahrzeug mit Allradantrieb, das zur Technischen Hilfeleistung, vor allem bei schweren Verkehrs-, Bau- und Industrieunfällen sowie bei Unwetterkatastrophen, eingesetzt wird.

Saugschlauch Im Gegensatz zum Druckschlauch formstabiler Schlauch zum Saugen von Löschwasser aus stehenden Gewässern. Das Wasser wird über eine Feuerlöschkreiselpumpe angesaugt.

Smokejumper Das sind die 400 Männer und auch einige Frauen der amerikanischen Fallschirm-Feuerwehr. Die „Rauchspringer" bekämpfen vor allem Wald- und Steppenfeuer.

Strahlrohr Armatur zur Wasserabgabe. Je nach Schaltstellung schießt das Wasser als Vollstrahl oder als Sprühstrahl heraus.

Tauchturm Mit Wasser gefüllte Behälter aus Edelstahl, in denen die Taucher der Feuerwehr üben können. Manche Tauchtürme erlauben Tauchtiefen von über zehn Metern, andere verfügen sogar über Druckkammern.

Theaterwache Oft auch als Sicherheitswache oder Feuersicherheitsdienst bezeichnete Feuersicherheitswache. Die FSW steht während Veranstaltungen als Brandschutzmaßnahme bereit.

Werkfeuerwehr Von einem zumeist größeren Betrieb zum Zweck des Brandschutzes und der Technischen Hilfeleistungen eingerichtete und unterhaltene Feuerwehr.

Es brennt – was ist zu tun?

Wie verhält man sich bei Feuer?

- Ruhe bewahren und die Feuerwehr alarmieren.
- Versuchen, den Brand zu löschen. Aber Vorsicht: Nicht in Gefahr begeben!
- Bleibt der erste Löschversuch erfolglos, sollte man sofort den Raum verlassen und die Tür hinter sich schließen. Dadurch bleibt das Feuer möglichst lange auf seinen Herd beschränkt.

Was ist sonst noch zu beachten?

- Sich selbst und andere in Sicherheit bringen.
- Türen und Fenster hinter sich schließen.
- Niemals Aufzüge benutzen! Der Aufzugsschacht wirkt für den Rauch wie ein Kamin. Die Elektrizität kann ausfallen.
- Feuerwehr erwarten und auf den Weg zur Brandstelle hinweisen. Bescheid sagen, wo jemand vermisst wird.
- Notwendige Schlüssel bereithalten.

Wie ruft man die Feuerwehr?

Über das Telefon – Der Notruf der Feuerwehr lautet:

Man braucht keine Vorwahl zu wählen! Wichtig ist es, ruhig zu bleiben und dem Feuerwehrbeamten in der Einsatzleitstelle folgende Angaben zu machen:

in Deutschland
112
in Österreich
122
in der Schweiz
118

Wer ruft an?
Was ist passiert?
Wo brennt es?
Sind Menschen oder Tiere in Gefahr?

Was tun, wenn der Weg abgeschlossen ist?

- Einen sicheren Raum aufsuchen und die Tür schließen.
- Fenster öffnen und sich bemerkbar machen.
- Bei starker Rauchentwicklung auf den Boden legen. Hier ist der meiste Sauerstoff und die beste Sicht.

Wenn die Feuerwehr mehr wissen will, fragt der Beamte nach. Man darf nur nicht gleich auflegen! Auch von einer öffentlichen Telefonzelle und vom Handy aus braucht man keine Vorwahl und muss kein Geld für den Anruf bezahlen. Ruft man vom Handy aus an, ist es wichtig, genaue Ortsangaben zu machen, weil man oft nicht direkt mit der zuständigen Leitstelle verbunden wird.

FEUERMELDER

Feuermelder befinden sich in öffentlichen Gebäuden. Schlage die Scheibe mit einem Gegenstand ein. Mit dem Ellbogen oder der Faust kann man sich verletzen. Durch Drücken der Taste wird die Feuerwehr sofort alarmiert.

SCHILDER zeigen den Weg ins Freie:

Fluchtweg: Das weiße Rechteck signalisiert eine Tür, die in einen Treppenraum, Flur oder ins Freie führt. Der Pfeil zeigt die Richtung an.

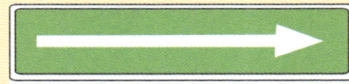

Richtungspfeil: Er zeigt euch die Richtung zum Notausgang.

Notausgang: Das Schild ist über Türen, meist beleuchtet, angebracht.

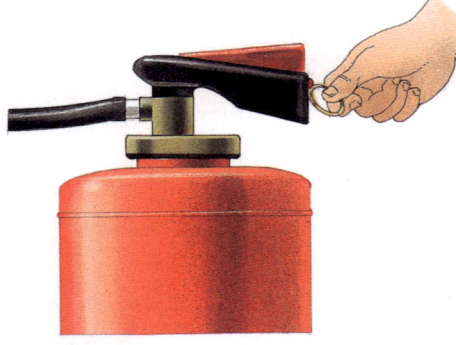

So ist der Feuerlöscher einsatzbereit:
1. Sicherungslasche herausziehen.

2. Schlauch am Handgriff fassen.
3. Sprühdüse auf Brandherd richten und Druckhebel niederdrücken.

WIE SETZT MAN DEN FEUERLÖSCHER EIN?

Jedes Feuer kann in seiner Entstehung bekämpft und auch gelöscht werden. Nach der ersten Minute ist dazu lediglich ein Liter Wasser erforderlich, nach der zweiten Minute sind es bereits 10 und nach der dritten Minute 100 Liter Wasser. Tragbare Feuerlöscher sind das Mittel, um Entstehungsbrände im Keim zu „ersticken".

Nicht jeder Feuerlöscher kann für alle Brände eingesetzt werden. Anhand von Symbolen, die auf jedem Löscher angebracht sind lassen sich die vier Brandklassen – A, B ,C und D – den Brandarten zuordnen. In den meisten Fällen trifft man ABC-Pulverlöscher an. Mit ihnen kann man fast alle Brände bekämpfen.

SO SETZT MAN DEN FEUERLÖSCHER EIN

Genügend Abstand halten, damit sich die Pulverwolke entfalten und das gesamte Feuer einhüllen kann.

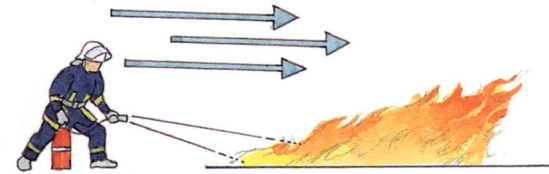

Immer mit der Windrichtung vorgehen und stets in die **Glut** und nicht in die Flammen spritzen.

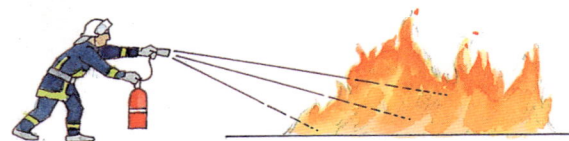

Flächenbrände von vorne nach hinten ablöschen und nicht von oben nach unten löschen.

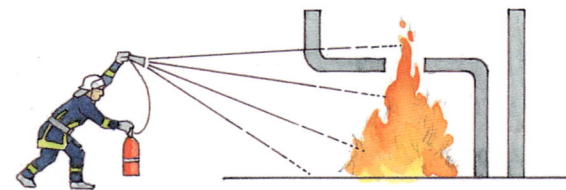

Bei Tropf- und Fließbränden immer von oben, von der Austrittsstelle also, nach unten löschen.

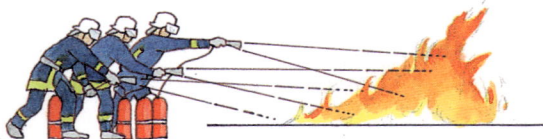

Wenn möglich, sofort mehrere Feuerlöscher gleichzeitig und nicht nacheinander einsetzen.

Unbedingt auf ein Wiederaufflammen achten, bis die Feuerwehr eintrifft.

Querschnitt eines Feuerlöschers:
Das Löschmittel wird durch
Innendruck ausgestoßen.
Das Treibmittel wird meist
zusammen mit dem Lösch-
mittel gespeichert.

Betätigungshebel

Ventil

Steigrohr

Lösch- und Treibmittelbehälter

druckfester Behälter

Schlauch mit Spritzdüse

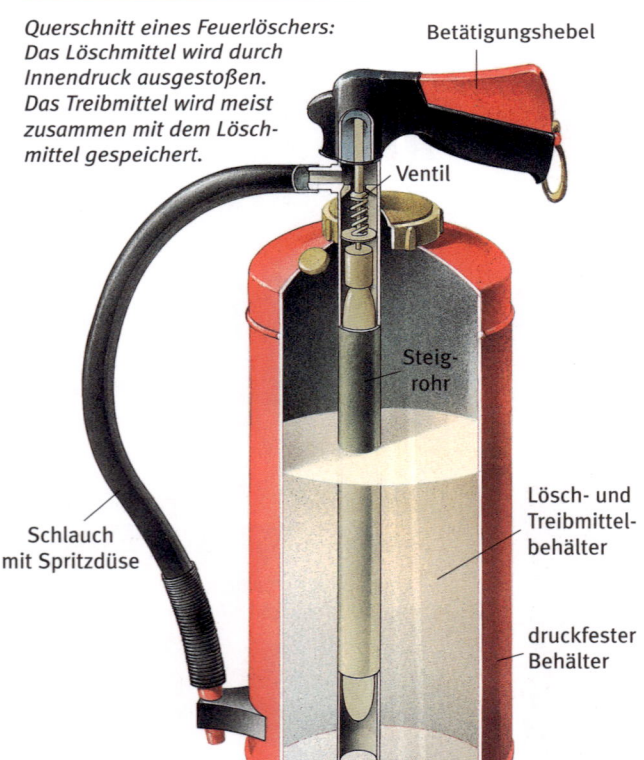

 WAS IST WAS BAND 78 **Geld**

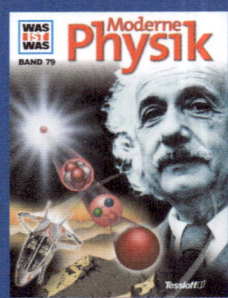 WAS IST WAS BAND 79 Moderne **Physik**

 WAS IST WAS BAND 80 **Tiere** wie sie sehen, hören und fühlen

 WAS IST WAS BAND 81 **Die Sieben Weltwunder**

 WAS IST WAS BAND 82 **Gladiatoren**

 WAS IST WAS BAND 83 **Höhlen**

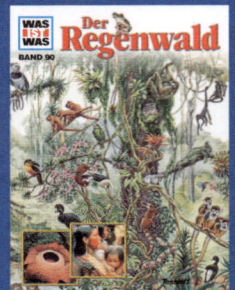 WAS IST WAS BAND 90 Der **Regenwald**

 WAS IST WAS BAND 91 **Brücken**

 WAS IST WAS BAND 92 **Papageien** und Sittiche

 WAS IST WAS BAND 93 **Olympia** Vom Altertum bis zur Neuzeit

 WAS IST WAS BAND 94 **SAMURAI** Ritter des Fernen Ostens

 WAS IST WAS BAND 95 **Haie** und **Rochen**

 WAS IST WAS BAND 102 Unser **Kosmos** An den Grenzen von Raum und Zeit

 WAS IST WAS BAND 103 **Demokratie**

 WAS IST WAS BAND 104 **Wölfe**

 WAS IST WAS BAND 105 **Weltreligionen**

 WAS IST WAS BAND 106 **Burgen**

 WAS IST WAS BAND 107 **Pinguine**

 WAS IST WAS BAND 114 **Feuerwehr**

 WAS IST WAS BAND 115 **Bären**

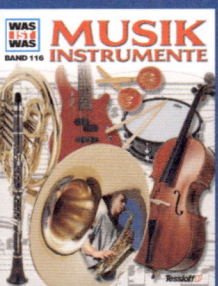 WAS IST WAS BAND 116 **MUSIK INSTRUMENTE**

 WAS IST WAS BAND 117 **Bauernhof**

Die Reihe wird fortgesetzt